양자역학과 동양철학

그리고 [illegible]

인과론적 사유에서 상관론적 사유로

양자역학과 동양철학 그리고 나

김환규 지음

내 마음에 일어나는 번뇌의 원인이 되는 나와 모든 대상과의 관계를 밝혀

진정한 행복을 이루기 위한 안내서!

좋은땅

일러두기

먼저 이 책을 쓰기에 앞서 독자들께 고백(告白) 아닌 고백을 하고 시작해야 할 것 같다.

나는 대학에서 『주역(周易)』과 관련된 학문을 전공하지 않았다. 단, 고등학교에서 화학공업과(化工科)를 선택하여 화학과 물리 기초를 배웠고, 서양철학, 심리학은 교양 과목으로 배웠을 뿐이다. 『노자』, 『장자』, 『회남자』, 『묵자』, 『포박자』, 『논어』, 『시경』, 성리학 등 동양철학 역시 정규 프로그램이나 선생님에게 배우진 않았다.

하지만, 『주역』에 입문하고 나서 본격적으로 관련 도서들을 통해 스스로 공부하기 시작했다. 특히 서양철학 관련 책들 중에서는 대학 새내기 시절 『서양철학사』 상·하권(버트란트 러셀 저, 최민홍 역, 집문당 출판)을 읽은 것이 서양철학의 기초 소양을 쌓는 데 많은 도움이 되었다.

불가(佛家)의 사상을 배우는 데 있어서 몇 가지의 경전들과 여럿의 책들을 읽었고, 특별히 해인사(海印寺) 장경각(藏經閣)에서 출판한 『백일법문』 1, 2권과 『선림고경총서(禪林古鏡叢書)』 37권을 읽은 것이 두고두고 기억에 남는다.

스승이신 충주의 고(故) 송술용 선생님께서 권하신 대로 완전히 새로운 영역인『주역』의 세계에 들어가 홀로 장님이 코끼리 만지듯 하며, 몽고의 광활한 벌판을 조심스럽게 한 걸음씩 내딛는 마음으로 공부에 매진하면서 하나씩, 하나씩 관련 영역을 어렵게 들여다보며 여기까지 왔다. 이관규천(以管窺天), 이려측해(以蠡測海), 이정당종(以莛撞鐘), 즉 대롱으로 하늘을 보고, 고둥 껍데기로 바닷물을 재며, 작은 막대기로 종을 치는 그러한 우매하기 그지없는 짓을 범하는 것만 같다. 지식도 얕고, 논리 전개도 부족한 내가『주역(周易)』을 중심으로 파악한 원리를 가장 최근의 서양 과학인 양자역학과 심리학 분야와 비교하고 분석한다고 하는 것이 혼란만을 부추기는 우(愚)를 범하는 것은 아닌지 다시 한번 두렵고 불안한 것이 사실이다.

나는 독자들이 이 책을 통해 도도히 흐르는 큰 강물의 흐름처럼 각기 인간과 세상의 존재와 활동의 본질을 고민하고 생각하고 들여다보고 또, 생각하고 생각하여 그 원리를 꿰뚫어 내는 지경에 이르기를 바랄 뿐이다. 그렇기에 되도록 각 이론의 전공자들과 달리 기존에 통설로 굳어졌거나 학문적, 이론적, 실험적으로 검증되어 정설로 인정된 사실들을 중심으로 논리를 전개해 나갔고 함수관계(函數關係)나 물리 공식, 수학적 이론 전개 등은 설명하기에 너무도 지식이 짧으므로 의식적으로 등장시키지 않으려 애썼다.

또한 인간의 삶과 그 안에 인간관계에서 일어나는 많은 번민, 그리고 인간에게 불행함을 가져다주는 문제의 본질들을 양자역학과 동양철학 특히, 주역 원리와의 상관관계나 유사성(類似性) 등을 통해 독자들 스스로 밝혀내고 이해하는 데 도움을 주는 것을 이 책의 목표로 삼았다. 그리하여 일반 독자들께서 이 분열의 사회를 살아가는 과정에서 너와 내가, 나와 사회가, 사회 전체가 서로를 이해하고 화합하여 좀 더 평안하고 행복한 마음이 되어 하루하루 기쁘게 살아가는 삶이 되기를 바라는 바이다.

그리고 양자역학의 제 이론과 동양철학의 원리를 살펴 최종적으로 증명된 이론과 원리를 드러내어 일반화된 설명을 통해 동양철학 상담 전문가들에게 좀 더 주역의 원리를 깨달음의 영역까지 확실하게 공부하는 데 도움이 되고자 할 뿐이다.

그러하기에 여기에서 논의하는 서양 학문에 대해 나의 소양과 지식은 깊지도 넓지도 못하지만, 그 원리를 『주역』과 비교 분석한 것으로 평가해 주길 바란다.

목차

일러두기 5

제1장 ♦ 서문 11

제2장 ♦ 동서양의 세계관(世界觀)과 사유방식(思惟方式) 27

제1절. 동양의 세계관과 사유방식 28

제2절. 서양의 세계관과 사유방식 33

제3장 ♦ 양자역학(量子力學, Quantum Mechanics) 39

제1절. 양자 얽힘(Quantum Entanglement) - 존 스튜어트 벨 (John Stewart Bell) 46

제2절. 상보성의 원리(相補性原理, Complementarity Principle) - 닐스 보어(Niels Henrik David Bohr) 58

제3절. 이중성(二重性)의 실험(Wave-Particle Duality) - 토마스 영, 루이 드 브로이, 클린턴 데이비슨, 레스터 거머, 조지 톰슨 80

제4절. 양자도약(量子跳躍, Quantum Jump, Atomic Eletron Transition) - 막스 플랑크(Max Planck) 96

제5절. 불확정성의 원리(不確定性原理, Uncertainty Principle) - 베르너 하이젠베르크(Werner Karl Heisenberg) 104

제6절. 확률밀도(確率密度): 비결정론적(非決定論的) 세계관(世界觀) - 막스 보른(Max Born) 114

제7절. 양자 다중 우주(量子多重宇宙, Quantum Multiverse)
- 휴 에버렛(Hugh Everett) 124
제8절. 양자 컴퓨터 133
제9절. 양자 암호 통신(量子暗號通信, Quantum Encryption Communication) 139

제4장 ♦ 슈뢰딩거의 고양이 143

제5장 ♦ EPR의 역설(Paradox) 151

제6장 ♦ 라이프니츠의 이진법(二進法)과 『역경(易經)』 171

제7장 ♦ 동시성적(Synchronistisch) 원리
– 칼 구스타프 융(Carl Gustav Jung) 177

제8장 ♦ 『역경(易經)』 개요(槪要) 189

제9장 ♦ 명리학(命理學) 개요(槪要) 199
제1절. 역법(曆法)의 기원(起源) 200
제2절. 명리학의 구성(構成) 203

제10장 ♦ 결어 215

마무리하면서 221

제 1 장

서문

제일 먼저 『주역(周易)』은 상고시대(上古時代)로 거슬러 올라가 5000년 이상의 역사를 가진 책이다. 우주, 자연, 만물 그리고 그 역사 속에서 펼쳐진 인간 생활에 관련된 제반 영역을 다루고 있으며 인간과 이뤄지는 상호관계에 대한 원리가 내포되어 있는데, 그 원리는 가히 오묘하고 신비롭다 느낄 만하다.

과학적, 철학적으로 완성된 음양(陰陽), 사상(四象), 팔괘(八卦)의 창조와 배치, 64괘의 논리적 전개 그 모두를 해석하였으며, 자연 원리와 현실적 인간 생활의 근본적 이치를 밝힌 동양 최고의 경전이다.

하지만 『주역』의 원리와 쓰임이 지금껏 통용되어 온 동양과 달리 서양에서는 현대에 이르러서야 그 가치가 증명되었다.

그동안 서양의 일반적 관념(觀念)과 인간관계의 일반적 현상(現象) 그리고, 절대자와 인간의 이분법적 인과율(因果律)과 국소성(局所性)에 기초한 관념론과, 칼 포퍼(Karl Popper)의 말에 따르면 과학이냐 아니냐의 기준은 실험적 검증을 얻어 반증 가능성(falsifiability) 여부에 있다는 사실을 보아 과학 증명의 재현성(再現性)만이 옳고 바르다는 자연법칙을 따랐다. 하지만 칼 융이 "자연법칙이란 통계적인 진리일 뿐 실험실에서 이상적인 제약조건을 가하지 않고는 타당성의 입증이 가능하지 않다"라고 하였듯이, 서양학자들도 이제 그 가치를 인정하고 있다.

이렇게 변해 가고 있는 현대사회 중심에서 『주역』을 공부하고 생활하는 나로서는 이 책에서 가장 최신의 물리학 이론과 금세기 심리학의 정신 분석이론과 생물학 등 서양의 큰 학자들을 거명해야만 하는 현실이 탐탁하지 않다. 그렇다 보니 자꾸 올라오는 자괴감을 떨칠 수 없는 것이 사실이다. 그렇지만 나는 우물 안 개구리 식으로 한쪽의 사상과 영역의 관점에서만 이야기해 온 종래의 방법보다 현재 세계의 주류의 보편적 사상과 사유 방법을 파악하여 그에 맞는 방식을 택하는 것이 훨씬 타당하다고 생각한다. 그렇기 때문에 동양과 서양의 논거(論據)를 동원하여 비교 분석하게 되어 오히려 즐거운 마음도 있음을 미리 밝혀둔다. 더불어 도가(道家) 계열 사상과 불가의 사상 등을 통해 『주역』의 깊은 이론을 설명하고 서로의 공통점을 발견하여 음미한 것은 참으로 기쁘고 반가운 일이었다.

『주역』은 한마디로 정의하자면 인간과 인간관계 그리고 인간생활과 그 환경변화에 대하여 궁금한 것을 역(易)에 의하여 점(占)을 치는 점서(占書)이다. 물론 이러한 목적을 달성하기 위해 우주의 탄생과 존재 방식, 그리고 운동 법칙을 밝혔고 우리 세계 만물의 생명 활동의 이치를 밝혔으며 동양 사상의 발전에 모든 기초와 근거를 제시하였으며 동양의 『역경』, 『서경』, 『시경』 3경의 한 축이 되는 경전이다. 그렇게 국가의 통치이념을 제공하고 제자백가(諸子百家) 사상의 토양이 되었으며 의식주 문화와 생활 속 모든 곳에 깊이 침투되어 있다. 인간 생활 전반의 모든 정신과 물질 영역에서 일어나는 모든 것들을 개념화(槪念化)하고 규정하며 그 원리를 밝혀 원인과 과정 그리고 결과에 이르는 전 과정에 심대한 영향을 미치고 있다.

그러나 이 책에서는 역(易)과 경(經) 그리고 전(傳)의 내용 소개와, 『주역』에 대한 기본 이론과 64괘와 그 괘명(卦名), 괘사(卦辭), 단사(彖辭), 효사(爻辭) 등 각 내용의 주석과 해석은 하지 않았다. 또한 현실에서 점(占)을 치는 여러 가지 방법인 작괘법(作卦法)과 그 괘를 해석하는 여러 가지 이론과 방법 그리고 점(占)에 의한 정단의 정확성을 파악하는 사례를 이야기하고자 하지도 않았다. 다만『역경(易經)』에 내재되어 도도히 흐르는 인간과 각각의 인간이 관계되는 인간 세상사와 더 나아가 모든 천하 만물의 존재 방식을 통찰하는 철학적 논리성을 이 책에서 다루고자 한다.

본인이 철학원 개원 이후 상담 경험을 돌아보면 다양한 인간의 개성과 그 개성에 따른 욕구량(欲求量)의 크기, 그 욕구의 충족 가능성, 욕구의 추구방식 등 그 개성들이 서로 부딪혀 펼쳐지는 인생의 다양한 문제들이 있다. 그 많은 문제들을 심리적, 현실적으로 진단하여 해결했을 때 그 임상경험과 결과들이 일상적으로만 바라보기에는 놀라운 결과들이 펼쳐졌다.

이러한 상황들은 어디에서 기원하여 이루어지는지, 그 근거는 무엇인지를 확실히 알지 못하는 상태에서 나 스스로는 사부님께 배운 바대로 태호복희(太昊伏羲)의 뜻과 문왕, 공자의 말씀과 여러 선배 학자들의 실전의 예(例)들을 거울삼아 궁구함으로 답을 구하였다. 그러나 구한 정단(正斷)을 '오묘한, 신비한, 영험한'이라는 표현이 아닌, 보다 논리적이고 과학적인 근거를 통해 사람들에게 보편타당하게 설명하고 싶으나 그렇게 할 수 없는 현실에 마주하게 되었다.

물론, 이원론적(二元論的) 사유방식의 세계에선 설명할 수 없는 것임을 나중에서야 알았지만, 그것을 깨닫지 못하고 무작정 보편타당하고 명약관화하게 설명해야만 할 것 같았다.

급기야 나로서는 이러한 임상경험이 분명한 사실임에도 불구하고 그저 우연의 세계로 치부할 수밖에 없는 현실과 나 스스로를 이해시키지 못하는 상황이 답답하여 더욱더 유(儒), 불(佛), 선(仙) 동양의 일원론적 관념의 심학(心學)에 더욱 매진하게 되었다.

그러던 중, 맨 처음 명리학(命理學)을 지도해 주시던 동우 송해윤 사부께서 대중에게 무료 강의하시던 때 이런 말씀을 하셨다. "서양에 새로운 과학 학문이 생겼는데 그 학문을 세상에 나오게 하는 데 가장 큰 역할을 한 과학자가 있는데 그가 바로 닐스 보어다. 그는 자기가 발견한 양자역학 상보성 개념을 동양의 주역 사상에서 깨달았다 하며 노벨상 수상 자리에 8괘 문양이 가득 그려진 옷을 입었으며, 작위(爵位)를 받을 당시 만든 가문 문장에도 태극 문양을 넣었다. 더불어 덴마크의 500크로네 지폐에도 태극 문양이 들어 있을 정도로 덴마크에서 소중히 여기는 인물로 미시세계에서의 상보성 원리가 동양철학, 특히 『주역』의 태극, 양의(兩儀), 사상(四象), 64괘(卦)의 원리에 그 기원(起源)이 있음을 세상에 밝혔다."

나는 이 말을 듣고 예전 고등학교에서 전공하던 화학공업과에서 무심히 배운 보어의 원자 이론이 떠올랐다. 그때 공부했던 원자(原子)와 분자(分子) 개념, 세상에 존재하는 물질인 원소(元素)들의 특징과 원소기호, 원자 배열, 분자 결합, 화학반응 등과, 화학 물리 과목에서 배운 제반 법칙들이 기억났고, 그 영역이 전혀 낯설지 않았다. 그래서 닐스 보어를 시작으로 양자역학의 문을 두드리기 시작했다. 그러다 보니 접근도 쉬웠으며 나름대로 이해도 빨랐으며 먼저 물리와 화학의 기초를 배운 상태에서 『주역』 등 동양 사상과 비교하며 공부하는 것이 참으로 우연치고는 고마운 일이었다.

그때부터 서양의 아인슈타인, 닐스 보어, 하이젠베르크, 파울리, 슈뢰딩거 등의 학자들이 그동안 연구하였던, 기존의 고전역학 이론과 대비가 되는 미시세계(微視世界) 양자역학(量子力學) 관련 이론, 원리와 더불어 새롭게 『주역』을 다시 공부하기 시작했다. 또한 『주역』과 더불어 『회남자(淮南子)』, 『천기대요(天機大要)』 등과 명리학에서 자주 등장하는 하늘과 땅의 개념을 공부하기 위해 어깨너머 들여다본 천체물리학(天體物理學). 그리고 실제 상담 과정에서 마주하게 되는 개인의 심리상태와 대상과의 관계에서 발생하는 심리적 관계 등을 겪으며 공부하게 된 심리학 등 보다 다방면으로 사고 검증(思考檢證)을 하며 실제 상담 과정에서 스스로 모호성의 시각을 벗어나기를 바라던 것을 일부분 이룰 수 있게 되었다.

내가 살아온 것과 다른 영역에서 새롭게 개원한 지 어언 20여 년의 시간이 흐른 지금. 나는 나의 삶과 내가 마주한 많은 사람들의 여러 가지 상황과 모습들을 보고 듣고 깨달은 바가 있다. 그것은 어느 한쪽의 삶은 출생한 이후 삶의 진행 과정에서 일어나는 모든 일들을 숙명적인 것으로 받아들이고 순응하면서 극복을 위해 부단히 노력하면서 살아간다는 것이고, 또 다른 한쪽의 삶은 끊임없이 현실을 부정하고 갈등하며 나를 둘러싼 외부 환경과 조화를 이루지 못하고 불행하다고 느끼며 산다는 것이다. 그리고 그 과정에서 사람마다 삶을 인식하는 방법과, 삶을 영위하는 방식, 문제해결 방법과 그 결과가 모두 다르다는 것이다.

또한 죽음에 이르는 원인과 시기와 양태(樣態)가 인간의 의지와 상관없이 각각 모두 다르다는 것을 알게 되었다.

모두가 똑같이 한 번 사는 삶임에도 누구에게는 행운 같은, 누구는 너무도 억울한, 누구는 준비된, 누구는 너무 갑작스러운, 누구는 이해가 가능하지만, 누구는 도저히 납득이 안 되는 것처럼 제각각 다른 이유가 궁금하여 생각해 본 결과는 다음과 같다.

먼저 개인마다 다양한 삶의 원인으로는 인간을 둘러싸고 있는 지구(地球)의 공전(公轉)과 자전(自轉), 자전축의 기울어짐으로 인한 봄, 여름, 가을, 겨울 사계절의 변화와 하루 24시간 동안 변하는 일기(日氣)가 있겠다. 그리고 지구가 속한 태양계의 중심이 되어 지구에 가장 많은 에너지를 제공하여 생명 활동의 중심이 되는 태양(太陽)이 우리 인간에게도 가장 심대한 영향을 주고 있음을 우리는 다 알고 있다. 또한 지구와의 중력작용(重力作用) 등으로 바다 등 물과 관련 있는 생명들의 생명 활동에 영향을 주는 달 또한 중요하다. 그리고 자전과 공전으로 인한 여러 가지 바람과 해류의 움직임, 지구 대기권 안의 모든 생물들에게 지대한 영향을 미치는 자기장(磁氣場)과 많은 기운들의 변화가 있으며, 수성, 금성, 화성, 목성, 토성, 천왕성, 해왕성 불규칙한 혜성 등 행성들의 움직임 등도 많은 영향을 미치고 있으며, 과거에는 이 같은 행성의 움직임을 인간 활동의 길흉을 예측하는 징조로 보기도 했다. 또한 천구(天球)의 적도 주변에 있는 28개 별자리 집단과 지구의 자전축과 일직선을 이루어 지구의 육, 해, 공 전

구역에서 모든 생명의 위치와 이동의 기준점이 되는 북극성(北極星) 등이 이 지구와 지구 생명체에게 끝없이 영향을 주고 있다.

이렇듯 위에서 열거한 지구와 지구가 속한 우주의 여러 가지 활동에 따라 힉스 입자, 암흑물질(暗黑物質), 반물질, 암흑에너지와 아직 밝혀내지 못한 여러 물질 등으로 이 지구와 지구 생명체와 우주는 서로 연결되어 있다. 이렇듯 무한대로 수없이 서로 주고받는 순간순간마다 에너지가 변하게 되는데, 그 변하는 에너지의 구성과 양은 한마디로 '우주의 기운'이다. 그 끝없이 변하는 우주의 기운이, 한 인간이 엄마 배 속에서 나와서 처음으로 하는 호흡을 하는 그 순간 인간의 몸 각각의 모든 세포와 기관에 스며들어 개개의 **선천적 특성**이 만들어지게 된다는 결론에 이르게 된다.

이렇게 만들어진 인간의 선천적 특성이 나를 둘러싼 사회의 대상(對象)들에게 보여지는 각 개인의 독특한 개성이 되는 것이고, 마찬가지로 각각의 개인이 저마다 다른 개성의 대상과 빚어내는 상호관계 속에서 인간의 삶이 이루어진다. 그리고 그때마다 쉼 없이 일어나는 크고도 미세한 우주의 에너지 변화가 각각의 사람에게 작용하여 여러 가지 문제를 발생시키게 된다.

이러한 문제가 발생했을 때 내가 도와줄 수 있는 문제의 해결 과정은 다음과 같다. 먼저 **역(易)**의 깊은 철학적, 수리적 원리에 기초하여 그 사람이 태어난 생년, 월, 일, 시에 따라서 10천간(天干) 12지지(地支)의 부호(符號)를 만들어 배열하는 사주팔자(四柱八字)로 암호화(暗號化)한다. 그 후, 각각 개별적 부호의 특성을 규정하고, 각 부호 간의 독특한 관계를 설정하고 그 관계로 인해 규정되는 부호의 특징을 파악하게 된다. 그다음에 인간의 성장 변화에 맞춰 매시, 매월, 매년 각각의 특징지어진 인간에게 작용하는 기운에 따라 길흉(吉凶), 화복(禍福), 희비(喜悲), 성패(成敗)를 파악하는 것이다. 이러한 학문을 **명리학(命理學)**이라고 한다.

이처럼 명리학이라고 하는 학문을 통해서, 인간 개인의 행동 특성과 사회적 관계 설정 방식, 자아실현 방법, 상황 대처 능력 등의 차이를 분석하고, 그해마다, 달에 따라, 날마다 달라지는 개개인에게 작용하는 기운의 변화 등을 규명하고 개인의 차별적 특징을 **정태적(情態的)**으로 분류하고 분석하게 된다.

이후 인간이 삶을 영위하는 과정에서 불가항력(不可抗力)적 상황을 마주하거나 '나'라고 하는 실존하는 캐릭터가 끊임없이 변하는 환경과의 관계에서 이것이냐, 저것이냐의 의사결정이 필요한 순간이 오게 된다. 이때 주역 육효점의 영역으로 들어오게 되는 것이다.

주역 육효점은 정태적 명리학으로 분류하고 분석한 자료를 바탕으로 한 비전(祕傳)의 작괘법(作卦法)으로, **역(易)의 육효(六爻)**를 **작괘(作卦)**하여 『역경(易經)』의 태극(太極), 음양(陰陽), 사상(四象), 64괘, 348효의 생장 소멸의 무한한 변화의 이치로써 점(占)이라고 일컫는 행위를 하는 것이다.

그 과정은 인간의 안과 밖에서 일어난 '양자화(量子化)된 에너지'라고 부를 수 있는 의식의 파장(波長)을 12지(支, 하늘의 기운을 땅이라는 현실에 12가지로 구분한 시간 변화의 기운)에 접목시킨 후 시공간(時空間)의 차원이동(次元移動)에 의해 정보를 획득하게 된다. 이를 통해 자신의 정신적 심리상태와 현실적으로 욕구하는 방향과 욕구량을 분석하고, 나를 둘러싼 환경이라 할 수 있는 상대방이 나를 향해 취하는 여러 가지 형태의 현실적, 심리적 방향성(方向性)을 파악한다. 그리고 난 후 최종적으로 지금 바로 나에게 필요하며 가능한 선택과 그 선택의 성취 가능성과 그 선택의 옳고 그름의 구분 그리고 현재의 **동태적(動態的)**인 사회 환경 상태 등을 파악하여 방문 상담자에게 옳은 의사결정을 할 수 있도록 적절한 상담을 하게 된다.

이와 같이 위에 열거한 정태적 명리학과 동태적 **『주역』의 파악 기법(把握技法)**을 통한 **해결책을 제시함**에 있어서 오묘함이나 신비함, 요상함, 희한함이 아닌 소위 과학적, 보편타당하다고 하는 원리를 찾아 표현하고 싶었다. 그렇기에 선현, 선배들의 깨달음을 통해 학문적으로 인정받은 많은 영역의 연구 결과와 함께 몇천 년 전부터 거듭 이어져 내려오는 동방의 주요 철학사상인 역(易)의 음양(陰陽), 오행(五行) 64괘 384효의 11,520가지 변화를 파악하여, 인간의 불확실성을 나름 제거해 온 육효점(六爻占)과의 관계를 새로이 밝혀지는 여러 서양과학 지식을 대입하여 비교하였다. 그리하여 그 의문점을 논리적으로 타파하고, 기저이론(基底理論)을 배우고 밝혔다. 더불어 각각의 영역과의 원리적 통일성과 유사성을 찾아내 우리 인간세계의 모든 사회적 생명활동과 육효점의 논리적, 과학적 근거를 마련했다고 자부한다.

또한 정신적, 현실적 도움이 필요한 사람들에게 역(易)을 다루고 공부하여 조언과 방법을 제시하는 상담 전문가들을 위해 스스로 존재와 행위의 타당성을 제공하였다. 더 나아가 일반인들이 살아가는 이 삶의 원리를 알아서 마음으로부터 행복(幸福)이라는 느낌을 보다 더 느끼고 구가하기를 진심으로 바라며, 나름 좁은 소견으로 도움이 되고자 하는 마음에서 감히 용기를 내 본다.

마지막으로 현재 지구촌 곳곳에서 벌어지는 전 지구적인 문제를 동양과 서양의 문화와 사유방식을 통해 살펴 다뤄 보려고 한다. 이는 이 책의 결론 도출 과정에서 자연스럽게 다뤄질 수밖에 없는 일이다.

첫 번째는 산업혁명(產業革命) 이후 자본 이익을 위한 무분별적 개발과 잉여(剩餘) 그리고 과잉생산, 과소비로 인한 **환경파괴(環境破壞)** 문제이다.

두 번째는 과학의 발전으로 인해 산업의 고도화와 생산의 대량화, 자본의 대형화가 심화되고 있다. 이로 인해 인간의 생활 전반의 사회, 문화, 정치 분야에서 의도적, 암묵적(暗默的)으로 계층이 생성, 고착되고 그 계층간 불평등이 더 커지고 있다. 또한 국제적으로는 종교, 문화적 우월성과 배타적 시각으로 인한 인종, 민족, 국가 간 유·무형의 침탈과 착취가 끊임없이 일어나고 있다는 점이다.

세 번째는 정치영역이다. 우리의 정치영역은 정치집단이 인간의 존엄보다 정치이데올로기를 우선시함으로써 상대를 공존하는 것이 아닌, 제거해야 하는 대상으로 만들어 인간의 권력욕을 성취하는 것을 목표로 삼고 있기 때문에 문제가 있다. 인간 존재에 대한 온유와 공감과 공존을 통해 이루어야 할 화합과 평화를 깨트리고 이 사회를 분열시켜 자신들의 욕구만 충족시키고자 한다. 이러다 보니 흑백논리를 앞세운 의도적인 양분화의 중우정치(衆愚政治)와, 우민화(愚民化) 이론과 방법들이 횡행하고 있다. 그리하여 세상을 어둡게 하고 있는 점이다.

이러한 인간의 이기적, 독점적, 배타적인 끝없는 욕심으로 만들어 낸 문제들이 현재 사회를 극단적 분열 상태로 인간의 존재를 파괴시키고 있음을 인식해야 할 것이다. 나아가 이 문제를 이대로 간과한다면 우리의 미래 역시 끔찍해질 것이다. 모든 만물에게는 '함께'라고 하는, 서로에게 영향을 끊임없이 주고받는 상관적(相關的), 양자적(量子的)이라는 **양의(兩儀)**가 있음을 생각해야 한다.

그리고 그 원리를 설파한『주역(周易)』의 원리를 살피고 실천하여 전 지구적인 문제를 해결하는 열쇠로 삼아야 한다. 너무도 늦긴 하였으나 철학적 사유방식과 현실적 생활방식의 전환이 절실하게 필요한 때가 아닌가 싶다. 이것만이 온 인류가 지속 가능한 삶을 영위할 방법임을 주장한다.

이와 같은 지경에 이른 지금, 다시 한번 우주의 원리와 태양계의 존재법칙과 지구와 인간의 생존 양식과 우주와 세상 물질의 기초 구성 입자의 존재법칙을 밝힌 물리법칙과 양자역학 그리고『주역』의 심오하고, 자연스러운 원리를 배우고 익혀야 할 때이다. 그리하여 이제는 인간의 숭고한 본연의 모습과 하늘과 땅을 닮아 순리에 따르는 모습을 되찾는 데에 초점을 맞추는 인류의 모습을 보여야 한다. 정치 또한 순리와 공존, 화합과 평화와 공공의 이익을 우선으로 하는 정치이론과 정치집단만이 살아남도록 해야 할 것이고, 그렇게 함으로써 당연히 그들의 목표 또한 이와 같이 변화되어야 한다고 생각된다.

특히, 우리 민족은 고대로부터 '홍익인간(弘益人間) 재세이화(在世理化)'로 대표되는 이타적(利他的) 정신문명이 면면히 이어져 내려와 대립적인 의미의 **'너와 나'**보다 우리 엄마, 우리 집, 우리 마을, 우리 아빠, 우리 형, 우리 언니, 우리 동네, 우리나라 등등 열거할 수 없을 만큼 아름다운 이타적, 호혜적(互惠的), 서로 공감하는 **공동체 문화**가 이어져 발달해 왔다. 고려는 세계적으로 우수한 문명과 문화를 떨쳤으나, 말기에 이르러 현실의 정치와 정신의 종교가 극단적 부패로 백성의 삶이 극도로 피폐해졌다. 더하여 조선 초까지 극심하던 왜구의 노략질에서 16세기 임진왜란, 정유재란과 17세기 병자호란을 거치는 동안 전통의 정신문명이 쇠퇴하고 아름다운 인간성을 상실하였다. 특히 근대 이후 극심하던 자기 집단 이익 추구의 제국시대(帝國時代)에는, 지금도 인정하지 않고 반성하지 않고 사죄하지 않는 이웃 일본의 비도덕적이며 비인간적인 처절한 **식민지배(植民支配)**와 모든 영역에 걸친 민족정신말살정책(民族精神抹殺政策)과 극심한 수탈로 이 나라는 정신문명의 종말을 맞게 되었다.

이후 세계적인 극단적 이데올로기 대립으로 인한 북한이 저지른 비참한 **6.25 침략전쟁(侵略戰爭)**을 겪는 과정에서 우리 민족은 수많은 목숨을 잃었으며, 원치 않는 극심한 이데올로기의 희생자가 되어 지금까지 나라가 위아래로 분리되고 동서로 쪼개져 그 안에서 첨예한 대립을 하는 작금의 현실이 만들어졌다. 그로 인한 분열 상태에서 이익을 추구하는 정치집단들은 이런 비극적인 상태를 계속 부추기고 이용하고 있으며 현재에도 계속되고 있는 가슴 아픈 현실이 되었다.

제국들은 자기의 이익을 극대화하기 위해서, 세계를 무대로 펼치는 당연한 자국 이익 우선 정책으로 인하여 세계 강대국들 사이에 끼어 있는 우리나라에서의 대립은 더욱 극심해지고 있고, 국내에선 그것을 부추기고 이용하는 사악한 정치집단이 권력 획득을 위해 갈등(葛藤)을 조장함으로 인해 아름다운 공동체문화는 사라지고 결국 땅도 양분되어 불행한 나라가 된 것이 현실이다.

더 나아가 현재의 대한민국은 긍지와 자부심의 장구한 역사는 뒷전이요, 나의 마음을 들여다보고 나를 탐구하는 철학, 심학(心學)은 쇠퇴하고 말았다. 만연한 배금사상인 극단적 자유방임 신자본주의의 물학(物學)을 맹신(盲信)하는 시대가 되었고, 이러한 자본주의 시대는 이익을 추구하는 극소수의 관련 집단이 오히려 차별을 조장하는 것을 방편으로 삼아 사회 시스템의 계층구조를 고착화하였다. 더불어 대한민국은 지정학적인 이유로 인하여 강대국 간 자국 이익 극대화를 위한 대상과 도구로 이용되기도 하고, 대륙세력과 해양세력 틈바구니에서 많은 어려움을 겪고 있다. 제국주의 시대 침략의 선봉에 서서 유입된 외래종교의 극히 일부 세력 또한 개인의 구원과 상호존중의 화합을 통한 인류의 행복 추구라는 본래의 목적을 넘어서서 너와 나를 구분하는 이분법적 사고를 만연시켜 나라를 분열시키는 지경에 이르렀으며 대승적으로 민족과 국가를 우선하기보다는 작은 이기적 이념 간 충돌로 필요 이상으로 사회가 격렬히 양분되었다.

이 지점에서 개인적 의견을 말해 보자면 먼저 우리나라는 민족의 능력을 최대화하여 세계평화와 만국 공영에 이바지할 수 있으며 세계에 우뚝 서서 세계문명을 리드하는 나라가 될 수 있는 통일을 이루기 위해 국가역량을 모두 발휘하여 노력을 경주하여야 한다. 특히 지정학적 요인을 이용하여 주변 강대국들에게 중립적, 실리적 자세를 견지하며 조선 말 수치스러운 역사를 교훈 삼아 우리 스스로를 보호할 수 있는 자주(自主)국방을 위해 끊임없이 노력해야 한다. 더불어 상대를 인정하면서도 정권의 사적인 이익이 아닌 국가이익을 추구하는 원칙 있고 사려 깊은 자주적인 외교

정책을 추구하기를 바란다. 한 가지 예를 들어보자. 노태우 정부 당시 북방정책을 펼쳐 공산당 일당독재인 중국과 수교하고, 공산·사회주의 소비에트 연방인 소련과는 우호관계를 맺어 경제교류를 시작하여 현재의 우리나라의 경제 성장과 방위산업에 큰 교두보를 마련하지 않았는가. 또한 중요한 것은 우리나라 각각의 종교가 나만이 옳음이 아니라 서로의 신념과 신앙을 존중하는 방향으로 나아감이 어떤가 하는 생각을 해 본다.

결론적으로 정치, 사회, 문화, 전반에 얽힘(entanglement)과 중첩(superposition)의 양의적(兩儀的)이고 상보적(相補的) 철학인『주역(周易)』의 원리가 스며들어 서로를 이해하여 온 나라와 국민이 화합하고 각각의 사회가 통합되고 어우러져야 한다. 그리하여 이 나라가 본래 가지고 있는 무한한 능력을 더욱더 발휘하며, 가장 아름다운 미소를 가진 민족으로서 그 미소를 전 세계에 전하는 날이 오기를 고대한다.

『역경(易經)』중 공자가 지은『설괘전(說卦傳)』제5장의 **"艮 東北之卦也(간 동북지괘야, 팔괘 중 간은 동북방의 괘이다). 萬物之所 成終而成始也(만물지소 성종이성시야, 세상 만물이 그 끝을 이루고 처음을 이룬다). 故曰 成言乎艮(고왈 성언호간, 그런고로, 간방에서 천하 대업을 이룬다)"라는 말씀처럼 이 세계를 철학과 이념으로 선도(先導)하는 행복한 대한민국**이 되기를 간절히 소망해 본다.[1)]

---

1) 참고로 간절곶의 한자표기는 '艮絶串'이다. '간절곶'을 풀어보면 "팔괘 간방이 끝나는 바다로 돌출된 육지의 끝부분"이라는 뜻이다.

제 2 장

✦

동서양의 세계관(世界觀)과 사유방식(思惟方式)

제1절. 동양의 세계관과 사유방식

동양의 철학적 세계관은 일원론적(一元論的), 상관론적(相關論的) 세계관으로 『주역(周易)』의 사상이 근본을 이룬다. 여기에 무위(無爲)와 허(虛)와 정(靜)으로 축약되는 노자와 장자의 '도가 사상(道家思想)'과, 무(無)와 공(空) 그리고 윤회(輪廻)의 순환성(循環性)을 표방하여 개인의 끊임없는 참선, 울력, 만행, 계율 등의 수행을 통해 나와 세상의 존재 이치를 깨닫고자 하는 '불가 사상(佛家思想)'이 있다. 그리고 존재 일반의 본질을 규명하여 인간의 심성과 사회적 관계에 작용하는 모든 것을 살펴보는 공맹(孔孟)의 '유가 사상(儒家思想)'과, 멀리 인도의 다신교인 힌두교의 신화적, 철학적, 종교적 경전인 '베다 사상'이 더해져 주축을 이룬다. 이러한 사상들이 서로 영향을 미쳐 세계와 인간 본성의 통합으로 수렴되어 세계와 인간이 그 근원에서 분리되지 않으며, 분리된 부분들의 단순한 집합체가 아니라 통합된 전체로 파악하여 자연과의 조화를 중시했다.

따라서 인간의 탄생과 함께 세계가 탄생하고 인간의 소멸과 함께 소멸하는 것으로 인간과 세계가 서로 깊은 영향을 주고받아 하나를 이루는 동양의 세계관은 유기적(有機的)인 것이어서 도(道)로 상징되는 형이상학적 실체(實體)는 말로는 표현할 수 없으며 세상에 어떠한 것도 창조되지 않는 것이라는 입장을 취한다.

『주역』 계사 상전(繫辭上傳) 제5장에 "일음일양지위도(一陰一陽之謂道)", 즉 하나의 음과 하나의 양을 **도(道)**라 했고, 도(道)는 언어로 설명할 수 없는 것으로 보았으며, "생생지위역(生生之謂易)"이라 음이 양을 낳고, 양이 음을 낳아 변하는 것을 **역(易)**이라 하였다.

제2장에서는 "강유상추 이생변화(剛柔相推 而生變化)", 즉 강함과 부드러움의 양의(兩儀)가 서로 밀고 당기는 추이(推移)로 변화를 발생한다 했다. 그리고 『도덕경(道德經)』 제1장에 "무명천지지시 유명만물지모(無名天地之始 有名萬物之母)", 즉 무(無)는 하늘과 땅의 시초가 되는 도(道)의 이름이고 유(有)는 만물을 낳는 어머니의 이름이라 하였다. 또 "차쌍자 동출이이명 동위지현 현현우현 중묘지문(此雙者 同出而異名 同謂之玄 玄玄又玄 衆妙之門)", 다시 말해 이 둘은 하나에서 나왔으나 그 이름이 다르다. 이 둘은 모두 어둡고 오묘하며 깊고 오묘한 도(道)가 바로 천지 만물이 끊임없이 생육화성(生育化成)하는 만물의 오묘함의 문(門)이라 했다.

『노자(老子)』 제42장에서는 "도생일 일생이 이생삼 삼생만물(道生一 一生二 二生三 三生萬物)"이라 하여 무(無)라 할 수 있는 도에서 만물이 발생한다 했다. 그리고 제25장에서 "인법지 지법천 천법도 도법자연(人法地 地法天 天法道 道法自然)", 즉 사람은 땅의 이치를 본받아 살고 땅은 하늘의 이치를 본받아 움직이며 하늘은 도의 이치를 따라 존재하고 도는 자연의 이치를 따라 펼친다 하여 인간과 세상은 끊임없이 순환하며 자연과 합일하게 된다고 했다.

이렇듯 만물은 모두 다 스스로 자연의 도리를 따라서 운행할 뿐, 인간의 감정에 적합하게 사단칠정(四端七情)을 가지고 자신의 생멸을 표시하는 것이 아니라고 보았으며 궁극적인 실재의 다른 양상으로 모두가 한데 묶여 일어나는 것으로 이해했다.

"같은 강물에 두 번 들어갈 수 없다"며 생성과 변화를 중시한 고대 그리스의 헤라클레이토스 또한 세계 내의 모든 변화에 대해 대립자들의 쌍(雙)을 통일체로 보았는데 나는 이 '대립자의 쌍'을 『주역』의 양의개념이요, 양자역학의 상보성과 이중성, 얽힘이라고 본다. 이는 뒤에서 다룰 『주역』 계사전 제2장과, 『도덕경』 제1장과도 통한다.

마지막으로 불가(佛家)에서 설파한 『반야심경(般若心經)』 중에 "색즉시공 공즉시색(色卽是空 空卽是色)"라고 하여 색(色)은 공(空)이 전제되어야 진정(眞正)한 색이요, 공(空)은 색을 포함하는 공이어야 진정한 공이며, 내가 세계를 본다는 것은 사실 나의 마음을 보는 것과 같다고 하였다. 이는 뒤에서 얘기하는 파동과 입자처럼 있음/없음, 삶/죽음, 하늘/땅, 너/나 등 대대법적인 양의 개념으로 서로 의지하여 존재하고 연결되어 있다는 일원론적(一元論的) 관념론의 핵심이다.

그들은 이 우주공간은 기(氣)로 가득 차 있다고 생각하였고, 그 공간에 가득 차 있는 기가 모여서 사물을 이룬다 생각했다. 서로 떨어져 있어도 떨어질 수 없는 하나의 불가분의 비국소적인 관계로 이는 사물과 현상을 미루어 헤아리는 것(유추, 類推)으로 분류하고, 같은 이치의 현상을 지닌 양상들을 한 묶음으로 나누는 것으로 음양론(陰陽論)과 오행론(五行論)은 모두 필연적으로 탄생한 것이다. 인간과 세계의 관계는 모두 거대한 묶음의 일부분으로 그 안에서 순환성을 띤 총괄적, 일원론적, 상관론적 세계관이다.

동양의 철학적 사유방식은 **상관적 사유(相關的思惟, Correlative Thinking)**로, 없다는 개념(無, 허공, 공간)을 눈에 보이는 현상세계의 본체(本體)나 본성(本性)으로 설정함으로써 동일한 본질의 서로 다른 현상의 상관적 차이로 대대법적(待對法的) 관계를 설정하고 사물을 규정한다. 이에 따르면 세상은 이미 시작부터 원칙적으로 음(陰)/양(陽), 생(生)/사(死), 왕(往)/래(來), 선(善)/악(惡), 미(美)/추(醜), 정(正)/사(邪), 물(水)/불(火), 천(天)/지(地), 전(前)/후(後), 고(高)/하(下), 진(眞)/위(僞), 심(深)/천(淺) 등 대대법적으로 구별되어 있다. 이들은 각각이 따로 존재하기도 하지만, 서로의 가역적 상호성에 의해 서로 간 관계에 있어서 변할 수 있는 인과관계를 나타내며, 쌍방이 같이 생기고 사라지는 것에 불과하다. 이러한 순환론적 사유방식으로는 불가의 인과응보론(因果應報論), 노자(老子), 장자(莊子), 회남자(淮南子, 유안), 하이데거, 범신론(汎神論) 등이 있다.

이와 같은 동양의 세계관과 사유방식은 개체 중심의 입장에서 파악하기보다 우주 만물의 전체 시스템 속에서 각기 존재하는 '나'와 '세계'를 중시했으며, 1초도 쉼 없이 변화하는 나와 세계의 현상 속에서 서로 관련을 맺으며 존재하는 인간과 그 본성을 연구하며 바라보는 입장이다. 이런 세계관과 사유방식은 정치와 법과 제도에 있어 전체를 우선하는 결과를 낳았다. 하지만 전체를 우선하기에 개인의 자유와 인권은 등한시하는 현상이 늦게까지 지속되고 있다. 이러한 점이 이원론적 세계관의 서양이 일원론적 세계관인 동양의 세계관을 후진적으로 여겨 온 이유다. 특히 자연,

사물과의 일원론적 사고로 인해 물질보다는 마음과 정신을 중시해 온 까닭으로 기계문명의 발전이 더뎌져 인간 생활에서도 후진적 양상을 보였다. 하지만 여기서 말하는 후진적 양상은 서양 세계관의 기준으로서 저자는 지구 생명 전체로 봤을 때에 오히려 바람직한 양상이라고 생각한다.

작금 현대에 이르러 환경파괴와 오염의 주범인 소수 선진국의 독점적 개발과 무한의 이익 추구와 소비를 조장하는 등의 행태로 인하여 발생하는 피해를 다수의 일원론적 세계관을 가진 저개발국들이 오롯이 받고 있어 안타까운 현실에 처해 있다.

제2절. 서양의 세계관과 사유방식

서양의 철학적 세계관은 "동굴 안은 어두운 현상세계(現象世界)의 삶이며 허상(虛像)의 세계요, 동굴 밖은 밝고 실재하는 철학적 삶이며 이데아의 세계"로 비유한 플라톤의 이데아론을 근간으로 발전한 이원론적(二元論的), 인과론적(因果論的) 세계관으로 고도의 정신성을 기반으로 한 이성(理性)을 중심으로 한다.

이성은 대상(對象)의 이치를 **판단**하는 능력이자 사물의 질서와 본질에 대한 판단의 **시비(是非)**, **진위(眞僞)**의 기준이며, 행동의 결정과 그 행동의 결과를 **평가(評價)**하는 기준이다. 이 이성은 신의 계시에 의해 전수되어 태어날 때부터 인간에게 내재된 지식이다.

서양철학은 일반 인간과는 절대 같을 수 없는 완전무결한 창조주나 절대자를 인정하여 유일신, 창조주, 조물주 개념을 먼저 인정하고 그에 따라 세상만물을 절대자의 피조물로 보아 신의 혜택을 입은 인간이 신께서 허락한 자연을 극복하고 지배하는 것을 당연하고 자연스럽고 중요한 것으로 생각하였다. 그렇기 때문에 그들은 다음과 같은 이분법으로 세계를 나누었다.

대표적 학자로는, 제일 먼저 플라톤을 꼽을 수 있겠다. **플라톤**은 존재하는 것은 지각되는 것이라 한 가지적(可知的) 관념계(觀念界)와 감각적(感覺的) 현상계(現象界)로 나눌 수 있다고 밝힌 대표적 이원론자이자 합리주의자이다.

"나는 생각한다. 고로 존재한다(Cogito ergo Sum)"라고 한 **데카르트**는 사유적 존재(res cogitans)로서의 영혼과 감각적 존재(res extensa)로서의 사물로 나누었다.

이성주의자 **칸트**는 본질(本質, noumena, 영원불멸의 영혼)과 감각적 육체인 현상(現象, phenomena)으로 구별했다. 특별히 "우주의 시작점이 있는지 없는지는 인간의 이성으로는 답을 알 수 없는 문제다"라고 한 말은 기억해 두자.

위의 구분을 더하여 또 다른 대표적 학자로는 "개체야말로 진정한 실체다"라고 한 **아리스토텔레스**, "남의 목적을 위해서가 아니라 자신의 목적을 위해 생존하라"고 한 **단테**, 그리고 "마치 큰 채석장이 건축가 앞에 놓여 있듯이 세계 존재 전체가 우리 앞에 놓여 있다. 이 건축가는 자연이라는 우연덩어리를 최대한 경제적이고 합목적적이며 확고하게 그의 정신에서 우러나온 원 형상으로 만들어 놓을 때만이 자신의 이름값을 하는 것이다"라고 한 **괴테**가 있다. 그리고 조금은 다르지만 "이성적인 것은 실재하는 것이며 실재하는 것은 이성적인 것이다", "실재는 지적으로 투명하게 서술할 수 있다는 의미다"라고 한 **헤겔** 등이 있다.

서양의 세계관은 우리들에게 일어난 현상은 인간의 마음과는 무관하게 독자적인 질서가 존재하며 자연을 대상으로 보고 주체로서의 인간을 보는 기계론적 이원론적 세계관이다.

이 이원론적 세계관에서 먼저 하나의 세계는 영원한 진리의 세계로 이 세계는 변치 않으며 완벽하게 오직 정신적 활동을 통해서만 도달할 수 있다고 한 세계이다. 다른 하나의 세계는 현실세계로 이 세계는 변화하며, 불완전하고, 인간의 오감(五感)에 의해 경험되는 허상의 세계이다.

그들은 우주공간이 텅 비어 있다고 생각하며 텅 빈 공간 속 사물은 각기 독립적으로 존재한다고 보았으며 그래서 사물이 허공에 존재하므로 두 물체가 떨어져 있으면 절대로 상호작용을 할 수 없는 국소적이라고 본 것이다. 그들이 보는 세상은 각자의 개체가 모두 모여 집합을 이루고 있는 공간이라 여긴다. 때문에 각각의 개체를 중요시 하였고 그래서 그들의 언어에서는 각 개체를 일컫는 명사(名詞)를 중시하고 있다. 반대로 동양인들은 상호관계성을 중시하는 동사(動詞)를 중심으로 세상을 본다.

서양의 철학적 사유방식은 **인과론적 사유(因果論的思惟, Causal Thinking)**로 이 세상이 하나의 궁극적인 원인에서 출발하여 원인과 결과가 분명하게 구별되어 선(線)적인 하강으로 다양한 결과물들이 유출되거나 생산된다는 것이다. 직선적, 수직적(垂直的) 위계질서를 형성하며 원인이 되는 일자(一者)에서 결과의 다양성에 이르기까지의 과정에서 존재의 등급이 결정되므로 결과의 다양성은 상위 원인에 의존적 의미를 내포하며 하위개념은 원인에 종속되고 상위의 파생물에 불과하게 된다. 이에 따라 서로 존재 간 등급이 고착되어 불변하는 비가역적(非可逆的) 인과율(因果律)의 피라미드 형식의 위계질서를 갖게 된다. 대표적인 사상 및 사상가로는 유일신론의 유대교, 이슬람교, 기독교, 소크라테스, 공자 등이 있다.

칼 융이 「리하르트 빌헬름을 추모하며」에서 다음과 같이 말한다.

> "『역경(易經)』의 실제 적용에 기초하고 있는 기능은 -내가 이렇게 표현해도 무방하다면- 어떤 식으로 보아도 우리 서양의 학문적-인과론적 세계관과는 첨예하게 모순됩니다."

서양의 이런 세계관과 사유방식은 사회의 경제적 풍요를 가져다주었고 이후 과학기술은 나날이 급격한 발전을 이루었다. 물론 과학 이전의 서양은 신화적 설명이 많았던 반면, 동양은 나름 합리적인 방식으로 이해했지만 말이다. 하지만, 18세기 과학기술의 발달과 기계문명으로 인해 산업혁명이 촉발되었고, 19세기 인간 중심의 학문을 겪으면서 미성년 노동자 양산과 지독한 노예사냥 및 급격한 빈부격차의 문제가 발생했다. 인간과 끊임없이 관계하는 대상인 자연에 대한 부족한 배려로 인하여 인간이 자리잡고 호흡하며 살고 있는 이곳 지구의 자연환경이 파괴되어 가고 있으며, 심지어 인류의 생존을 염려할 정도로 인류 역사에서 지극히 짧은 기간에 엄청난 속도로 진행되고 있다.

인류의 기하급수적인 인구 증가와 그로 인한 무분별한 자원의 개발과 소비가 이산화탄소와 메탄 등 온실가스의 배출은 급격한 기후변화를 초래하여 빙하(氷河)의 녹는 속도가 최근 20년 동안 2배나 증가했다. 또한 몽골과 중앙아시아 대륙에서 갈수(渴水)와 사막화는 아주 빠르게 진행되고 있으며, 북극과 남극 빙하의 녹는 속도가 급격하게 빨라져 지구 생태계가 위험한 지경에 이르렀다. 특히 남극의 빙하는 규모가 100km^{2}나 줄

어들어 23년간 녹아내린 빙하의 양이 28조 톤이라 한다. 그로 인하여 해수면이 상승하여 많은 나라에서 인류의 생존에 큰 영향을 미치는 문제가 일어나고 있고 더욱더 심각하고 빠르게 일어날 것이다. 또한, 지금까지 생산된 플라스틱의 총량 92억 톤의 75%인 69억 톤이 쓰레기로 버려졌으며 매년 800만 톤이 배출되고 있다. 또한, 우리 은하 별의 수보다 500배 많은 24조 4,000억여 개의 미세 플라스틱이 지구에 생존하는 인간과 특히 생물들에게 큰 재앙을 불러올 것이다.

끝으로 근, 현대의 역사가 아시아, 아프리카, 아메리카 전체 대륙에서 유럽 지역으로 대표되는 서양의 승리로 끝나면서 그들의 자본과 기술을 필요로 하는 동양의 근현대사는 서양의 세계관과 가치관을 배우고 모방하는 역사가 되었으며 그들과 같이 되고자 무진 애를 쓰며 노력했다. 그래서 그들의 철학(哲學), 사상(思想), 기술(技術)과 문화(文化)를 무차별적으로 빠르게 흡수하여 경제적으로 높은 성장을 구가해 왔다. 이렇듯 우리는 점차 서양의 세계관에 익숙해져 동양의 일원론적이고 상관론적인 세계관과 사유방식은 초라하고 저급하며 미개하게까지 생각하기도 했다.

그러나 20세기 현대에 이르러서는 물질 중심적 세계관이 혼란을 겪고 있다. 자연과 초자연(超自然)의 이분(二分)을 허용치 않는 서양 사회에 플라톤과 데카르트의 이원론적 사관을 한 번에 바꿔 버린 '상대성 이론'과 혁명적인 '양자역학'이 등장했기 때문이다. 더불어 천체물리학에서도 놀라운 발견이 이뤄졌으며, 심리학에서 동시성 이론이 등장하였기 때문이다. 그것들은 아시아의 종교, 철학 원리에 표명된 여러 개념들에서 기초를 제공받았거나 혹은 그 개념들과의 놀라운 유사성을 보여 준다.

이는 동양의 오랜 역사에 기반을 둔 종교, 문화, 사상이 세계의 주목을 받기 시작했다는 의미이므로, 우리도 이제는 우리의 철학과 사상과 종교관을 돌아보고 살펴서 깊은 공부와 이해를 해야 한다. 또한, 이를 통해 세계의 공공자원과 지하자원의 소비를 통한 기계문명의 발달을 앞세워 무장한 일부 선진제국과 맞서야 한다.

현재 당면한 중요 문제인, 지구 환경의 황폐화의 근본적이고 직접적인 원인으로는 그들이 세계 전역의 미개발 지역을 침략하여 획득하고, 자본이익 극대화를 위해 무차별적으로 자원을 개발하고 과소비함에 있다고 생각한다.

간접적인 원인으로는 첫 번째, 산업화로 인해 발생하는 쓰레기나 폐기물, 폐플라스틱 등을 저개발국인 필리핀이나 방글라데시 같은 나라에 수출하거나 전 세계의 중고 전자제품 폐기물의 집하장이 되고 있는 나이지리아의 경우처럼 대부분의 저개발 국가들에게 지구의 환경문제(環境問題)를 전가시키고 있는 문제가 있다. 두 번째로는, 새롭게 대두되는 지하자원이 저개발국에서 발견되었을 때 무차별 개발 및 경비 절감을 위해 어린 미성년들의 노동을 착취하는 행태의 불평등한 지구촌 남북문제가 있다.

이제는 이러한 여러 가지 당면한 문제들을 해결하기 위해 동양의 상관론적 사상을 열쇠로 삼아야 할 것이다.

제 3 장

✷

양자역학(量子力學, Quantum Mechanics)

양자역학은 전자(電子), 양성자(陽性子), 중성자(中性子), 중간자(中間子)와 1/2스핀을 갖는 쿼크(Quark), 힉스(Higgs boson) 등 그 외 미확인으로 추정되는 불명의 수많은 미립자(微粒子)와 다른 원자구성입자(原子構成粒子)의 운동을 다루는 학문이다. 특히 고전역학의 직관(直觀)에 반하여 **모든 물질(物質)과 복사(輻射)가 파동(波動)과 입자(粒子)의 이중성(二重性)을 가진다는 것을 다룬다**.

이 학문은 **알버트 아인슈타인(Albert Einstein)**이 "빛은 파동과 입자로 동시에 존재한다. 빛은 이중적이다"라는 광전효과(光電效果)를 밝혀내면서 촉발되었다.

이후 1906년 영국 **조지프 존 톰슨(Sir Joseph John Thomson)**이 최초로 전자와 동위원소(同位元素)를 발견하면서 양극(陽極)의 원자핵(原子核)과 주위에 음극(陰極)의 전자(電子)들이 고정적으로 배열되어 있는 원자모형(原子模型)을 최초로 제시하였다.

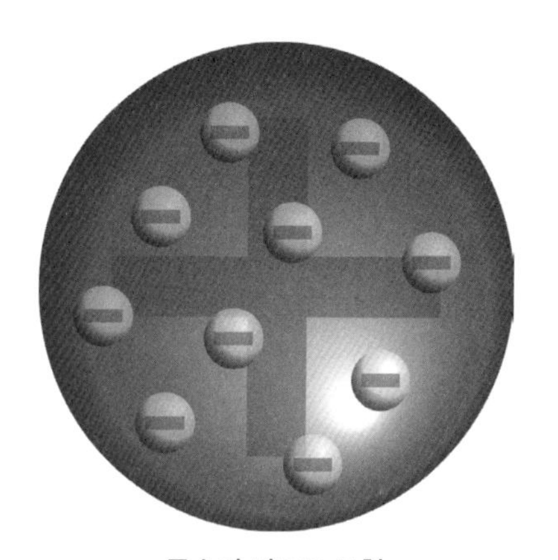

톰슨의 건포도 모형
(사진 출처 : 위키피디아)

이후 제자 **러더퍼드(Ernest Rutherford)**는 1911년 양성자(陽性子)로 된, 양극(陽極)의 원자핵(原子核)이 중간에 있고 그 주위를 음극(陰極)의 전자가 도는 최초의 타원형 원자 모델을 발표한다. 하지만 전자가 어떠한 원리로 원자핵의 주위를 계속 도는지는 알 수 없었다.

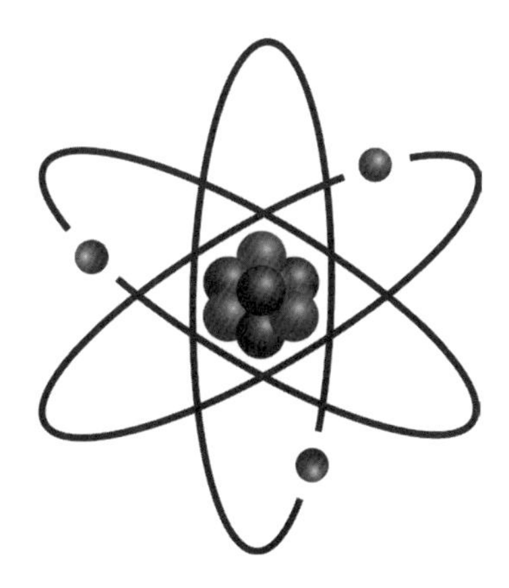

러더포드 원자모델
(사진 출처 : 위키피디아)

이어서 톰슨과 러더퍼드의 제자인 **닐스 보어(Niels henrik David Bohr)**가 전자가 원자핵으로 빨려 들어가지 않는 이유는 전자가 에너지를 방출하지 않고도 존재하는 '정상상태(正常狀態)'라고 정의하며, 다른 궤도로 이동할 때는 에너지가 방출되거나 흡수된다는 이론을 발표한다. 그러나 이 **정상파 이론(定常波理論)**에는 특정 궤도 운동을 하는 '정상상태'가 왜 일어나는지에 대한 답이 없다.

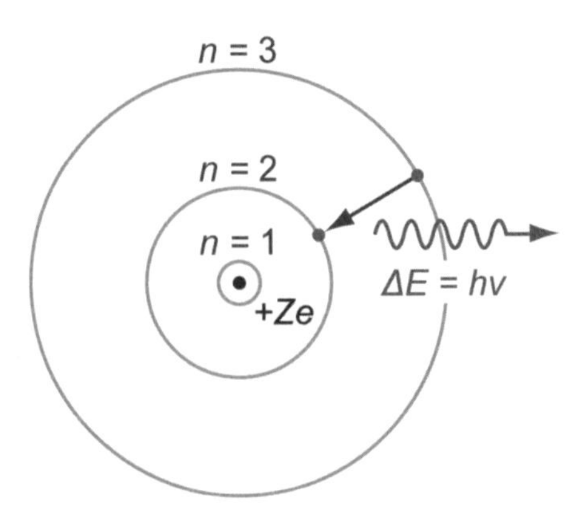

닐스 보어의 수소원자 모형
(사진 출처 : 위키피디아)

또한 하이젠베르크는 확률론에 기반한 **전자구름 형태**를 말했으며, 1924년 프랑스의 귀족 **루이 드 브로이(Louis de Broglie)** 공작이 **물질도** 파장(波長)과 입자(粒子)의 이중성을 가진다는 가설인 물질파 이론의 논문을 제시하여 닐스 보어의 원자 모델을 완성한다.

이후 **클린턴 데이비슨**과 **레스터 거머**가 **전자(電子)**를 이용한 데이비슨-거머실험(Davisson-Germer experiment)으로 드 브로이 가설(假說)을 검증하였다.

이 양자이론은 본질적으로 확실성(確實性)이 아닌 **확률적(確率的)**이라는 결론에 도달했으며, 아인슈타인 등은 확률적이라는 결론을 부정하기 위한 E. P. R의 역설(Paradox)을 통해서 "숨은 변수(Hidden Variable)"가 필요하다고 주장했다.

이 이론이 바로 1927년 10월과, 1930년 벨기에의 수도 브루셀에서 닐스 보어, 마담 퀴리, 하이젠베르크, 슈뢰딩거, 막스 보른, 아인슈타인 등이 참석하여 발표한 이른바 **'코펜하겐 해석(解釋)'**이다. 코펜하겐 해석은 닐스 보어의 상보성 원리(Complementarity principle)와 하이젠베르크의 불확정성의 원리(Principle of Uncertainty)를 바탕으로 한다. 닐스 보어, 베르너 하이젠베르크, 막스 보른, 폴 디랙, 볼프강 파울리, 폰 노이만 등이 이 해석을 지지하였다.

양자역학에서는 아이작 뉴턴(Sir Isaac Newton, 1643~1727)의 고전역학이 지배하며 눈에 보이는 '거시세계(巨視世界)'와 양자역학이 지배하며 눈으로는 볼 수 없는 '미시세계(微視世界)'로 세계를 구별하였다.

그리하여 미시세계에서 일어나는 원자핵(原子核)과 전자(電子), 양성자(陽性子), 중성자(中性子) 등 소립자(素粒子)의 운동을 연구하여 전자는 시공간(時空間)을 뛰어넘어 두 입자가 상호작용을 한다는 **'양자 얽힘'**, 양자(量子)는 입자로도 파동으로도 존재하고 행동한다는 **'상보성(相補性)'**, 관측당하기 전에는 여러 가지 상태가 확률적으로 겹쳐 있다가 관측당하면 관측과 동시에 파동함수(波動函數)가 붕괴하여 중첩상태(重疊狀態)가 아닌 단 하나의 상태로 결정된다는 **'이중성'**, 원자는 불연속적으로 경로 없이 공명(共鳴)으로 순식간에 움직인다는 **'양자도약'**, 관측량과 관측 위치를 둘 다 동시에 정확히 알아낼 수 없다는 **'불확정성'**, 원자의 존재 방식이 확률적으로 존재한다는 **'확률밀도'** 등의 이론을 연구하여 밝혔다.

1927년 10월 브뤼셀에서 열린 전자와 광자에 대한 다섯 번째 솔베이 국제회의 참가자 사진. 세계에서 가장 주목받을 만한 이 물리학 토론은 양자역학에 대한 토대를 명확히 하였으며 이 토론에서 주축이 된 인물은 아인슈타인과 닐스 보어였다

(사진 출처 : 위키피디아)

양자역학과 관련하여 가천대학교 전기공학부 장경욱 교수(敎授)의 의견을 들어본 바 그의 의견에 동감하며 중요한 내용이라 생각되어 밝힌다. 그에 따르면 양자역학의 세계관은 빛의 속도 c의 토대 위에서 논거(論據)된 이론이다.

$c = 1/\sqrt{\varepsilon_0\mu_0}(m/s) = 3\times10^8(m/s)$

∵ 진공의 유전율 $\varepsilon_0 = 8.85\times10^{-12}(F/m)$

∵ 진공의 투자율 $\mu_0 = 4\pi\times10^{-7}(H/m)$로 약속하여 c 스케일을 정했다.

이후 1975년 국제 도량형 총회(CGPM) 15차 회의에서 빛의 속도 권고값을 c=299,792,458(m/s)로 결의했다. 여기서 등장하는 진공의 유전율과 투자율을 절대가치(絶對價値)로 놓고 본 세계관이다.

따라서 양자역학(量子力學) 이론 역시 빛의 속도를 절대속도(絶對速度)로 가정하여 만들어진 이론으로 절대가치의 근거가 약하다는 의견을 말해 주었다.

제1절. 양자 얽힘(Quantum Entanglement) - 존 스튜어트 벨(John Stewart Bell)

입자(粒子)는 축(軸)을 중심으로 왼쪽이나 오른쪽으로만 회전(Spin)을 한다. 이때 오른쪽으로 회전하는 것을 Spin Up이라 하고, 왼쪽으로 회전하는 것을 Spin Down 한다고 한다. 입자는 쪼개기 전에는 Spin Up과 Spin Down의 두 가지 상태가 중첩(重疊)되어 있다.

업 쿼크(Up quark)와 다운 쿼크(Down quark)가 섞여 만들어진 파이중

존 스튜어트 벨
(사진 출처 : 위키피디아)

간자인 파이온(pion)이라는 소립자(素粒子)를 붕괴시키면 전자와 양전자(陽電子)로 쪼개진다. 전자는 마이너스(-)전하, 양전자는 플러스(+)전하를 가지며 똑같은 물리량을 가지고 있다. 이때 전자가 Spin Up 하면 양전자는 Spin Down을 하고, 양전자가 Spin Up 하면 전자는 Spin Down 한다. 즉, 한 개의 입자를 둘로 쪼갠 후 한 입자의 상태를 바꾸면 다른 한 입자의 상태가 그 반대로 동시에 바뀌는 것으로 **멀리 떨어진 두 입자의 물리량이 어떤 특별한 상호작용에 의해 서로 영향을 주고받는다는 물리이론이다**.

양자 얽힘 현상을 하나씩 살펴보면 다음과 같다.

① 측정 전에는 두 입자의 상태를 알 수 없다가 측정하면 한 계(界)의 상태가 결정되고, 즉시 다른 계의 상태까지 결정되고,
② 측정할 수 있는 빛의 속도보다 거리가 멀어도 동시성(同時性)으로 양(陽)과 음(陰)이 하나이며,
③ 양자역학은 두 부분계(部分界)가 공간적으로 서로 멀리 떨어져 있어도 존재할 수 있으며,
④ 양자는 절대 분리될 수 없다. 이는 N극과 S극의 막대자석을 둘로 나누자마자 나누어진 그들은 각각 즉시 N극과 S극의 성질을 갖게 되는 것과 같다.

예를 들어 지구의 전자가 **Spin Up** 하면 640광년 떨어진 베텔게우스의 광전자(光電子)는 동시에 **Spin Down** 하게 된다.

파동함수 기술로 살펴보면 ψ↑①번 입자, ψ↓②번 입자이고 이들이 중첩되어 있다면 〔ψ↑ or ψ↓〕+〔ψ↓ or ψ↑〕 이렇게 파동함수로 표현할 수 있다. 이렇듯 두 입자 사이가 양자 중첩에 의해 얽혀 있다면 아무리 멀리 떨어져 있어도 서로 정보를 주고받을 수 있다는 것으로 고전적인 상관관계를 뛰어넘는 양자적(量子的)인 상관관계(相關關係)라 할 수 있겠다. 이러한 양자적 특성을 아인슈타인은 **"유령 같은 원거리 상호작용(Spooky action)"**이라고 했다.

이는 똑같은 사주(四柱)의 일란성(一卵性) 쌍둥이에서도 볼 수 있다. 다른 양상의 삶의 궤적처럼 똑같이 흐르는 시간의 영역에서 쌍둥이는 정태적(情態的) 분석인 명리학적으로 같은 사주를 갖고 있어 대강 같은 삶의 궤적을 보이는 걸로 파악하지만, 동태적(動態的), 복합적 분석법인 주역점(周易占)에서는 각각 서로 다른 쌍둥이 형제인 대상의 상보적 양자 얽힘 상태의 우연 혹은 개연적 사태로 선택의 문제에서 시간적 차이를 두거나, 즉각적으로 다른 선택을 결정하게 되어, 둘로 나눌 때 막대자석의 예와 같이 각기 다른 삶을 영위하게 된다는 것이 나의 생각이다.

여기서 모든 생물체들의 의식들이 아무리 멀리 떨어져 있어도 같은 파장(波長)끼리 반응한다는 100마리 원숭이 실험의 예가 있다. 원숭이 한두 마리의 행동이 점차 임계치(臨界値)를 넘어가면 서로 간 왕래가 없는 대륙 간 떨어진 원숭이들도 같은 행동을 하게 된다는 이론이다.

양자 얽힘(entanglement)을 활용한 가장 흥미로운 현상은 양자 순간 이동인데, 이는 물체가 직접 이동하지 않아도 서로 멀리 떨어진 A와 B 지점에서 A에 있는 물체를 순식간에 B로 이동시키는 현상이다. 이 원리는 양자통신 기술과 양자 컴퓨터 기술 등에 활용될 수 있다.

양자 얽힘을 동양 사상의 사유로 살펴보자.

『주역(周易)』은 그 안에 만물과 인간 삶의 모든 이치를 파악하여 각각 괘(卦), 효(爻), 단(彖), 상(象)의 뜻을 갖추고 있어 오랜 시간 동양 사상의 핵심으로 자리하게 되었다. 그 뜻을 갖추는 방식은 음효(--)와 양효(-)가 거듭하여 사상(四象)을 이루고, 사상을 3번 거듭하여 8괘(卦), 8괘를 중복하여 64괘를 완성하게 된다. 그리하여 하늘과 땅과 모든 만물의 존재 방식과 그 모습을 드러내는 것이다.

때문에, 천하를 먼저 살펴 사물의 이치를 열고 천하를 뒤에 자리하여 각기 만물과 사람이 힘써야 할 것을 이루게 하였다. 이런 까닭으로 그 오묘한 수(數)를 극진히 알고 정하여 그로써 천하의 상(象)을 정했으며, 그 상을 드러내 천하의 길(吉)함과 흉(凶)함을 정했으니 **64괘(卦)**와 **384효(爻)**가 모두 하늘과 땅의 이치를 따르게 하여 변화의 도리를 다한 것이다. 이것을 펼쳐서 이치에 맞게 바라보면 만 가지로 각각의 다름이 있고, 이것을 통괄하여 도(道)에 있게 하면 둘을 이루는 것이 없다.

살펴보자면 주돈이가 『계사상전』 11장에 기초하여 밝힌 태극도설에 "역(易)에는 태극(太極)이 있어 이것이 양의(兩儀)를 낳았는데 태극은 도(道)이며, 양의는 음양(陰陽)이다. 음양은 또한 하나의 도(道)이니 태극(太極)은 무극(無極)으로 음(陰)은 등지고 양(陽)은 안아서 움직이니 만물을 발생하게 한다. 태극이 없는 것이 없고, 양의(兩儀) 또한 언제 어디서나 항상 있으리니 하늘 기운과 땅 기운이 서로 감응하여 어느 한순간도 변화가 다 함이 없다."라고 했다. 이는 하나인 도, 태극에서 둘인 양의, 음양으로 나뉘어 이분법(二分法)으로 분열을 거듭하지만 결국 하나로 통섭되는 이치를 말하는 것이니 우리도 이와 같이 분열을 넘어 하나로 화합되는 이치를 배워 이분을 넘어 하나가 되는 세상을 만들어야 하지 않겠는가?

세상이 끝없이 변화하는 이치를 밝힌『주역』은 상관적 사유의 결과물인 대대법적 양의개념(兩儀概念. 陰과 陽, 無와 有, 0과 1, 剛과 柔, 9와 6, 天과 地, 大와 小, 多와 少, 長과 短, 善과 惡, 深과 淺, 男과 女, 너와 나, 南과 北)을 심볼화된 효(爻)로 4상(四象), 64괘, 384효(爻)의 변화무쌍한 괘(卦)를 그린다.

그 괘를 양의(兩儀)개념으로써 세상 만물의 생장 변화 원리를 파악해 우주의 모든 존재의 그 시원과 존재 방식과 발전과정을 밝히며, 동양적 세계관이요 사유방식인 인간의 정신과 물질이 상호 소통하는 근거를 알려 준다. 그리고 더 나아가 일원론적 사유로 하늘과 땅과 모든 만물이 동시성으로 호흡하는 것을 밝힌다.

또한 **노자(老子)**의 **『도덕경』**의 깊은 의미를 살펴보자.

第2章

天下皆知 美爲美 惡已(천하개지 미위미 악이)

세상 모든 사람들은 아름다운 것을 아름다운 것으로 알고 있다.

그렇기 때문에 추함이 있는 것이다

皆知善 斯不善矣(개지선 사불선의)

마찬가지로 모든 사람들은 무엇이 착한 건지 알고 있다. 그래서 착하지 않은 것이 있다.

有无之相生也(유무지상생야)

있음과 없음이 서로 대상이 되어 생성되고

難易之相成也(난이지상성야)

어려움과 쉬움이 서로를 보완하여 이루고,

長短之相形也(장단지상형야)

서로 길고 짧음의 기준이 되어 형성하고,

高下之相盈也(고하지상영야)

높고 낮음이 상대적으로 서로를 채워 주고,

音聲之相和也(음성지상화야)

음색과 목소리가 서로 합하여 화음을 이루고,

先後之相隨(선후지상수)

이전과 이후가 서로를 따르는 것

恒也(항야)

이것이 항상 그러하다.

第22章

曲則全(곡즉전), 枉則正(왕즉정),

구부러진 것도 온전해지고, 굽은 것도 곧게 펴지며

洼則盈(와즉영), 敝則新(폐즉신),

속이 빈 것도 가득 차고, 닳은 것도 새로워지고

少則得(소즉득), 多則惑(다즉혹)

적은 것도 얻게 되어 많아지고, 많아지고 나서는 마음이 혼란스러워진다.

第57章

民多利器(민다이기)

백성들이 편리한 도구를 많이 가지고 있으면,

而邦滋昏(이방자혼)

나라와 가정은 점점 더 혼란에 처하게 될 것이다.

人多智(인다지)

사람들이 지식과 기교를 많이 가지고 있으면

而奇物滋起(이기물자기)

기이한 물건들이 점점 더 많이 출현하게 될 것이다.

第58章

禍(화), 福之所倚(복지소의)

불행은 행운이 상대적으로 기대고 있는 것이다.

福(복), 禍之所福(화지소복)

행복은 불행에 기대고 있는 것이다.

孰之其極(숙지기극)

그것이 어디서 멈추어 끝나는지 누가 알겠는가.

第50章

反也者(반야자), 道之動也(도지동야)

반전은 도의 움직임이다.

이와 같이 살펴본 바로는 세상에 존재하는 모든 것들의 생성과 소멸의 변화에서 양의(兩儀)가 아닌 하나만으로는 성장, 존재할 수 없음을 알 수 있다. 불행이라는 것은 행복이라는 대상이 있어 그 기준이 되어 주기 때문에 마음으로 느끼는 것이요, 행복 또한 마찬가지로써 존재한다는 것에는 양의가 함께 혼유(混有, 양자 얽힘, 중첩, 동시성 현상)되어 서로 움직이며 변하는 과정이 있어야 한다. 그렇기 때문에 인간의 정신적, 물질적 활동에는 항상 이러한 가능성이 혼재(混在)되어 있다고 봐야 할 것이다.

어렸을 때 어머님께 자주 들었던 말씀이 있는데 물질이나 현상의 정적(靜的)인 상태를 표현한 것으로 **"세상이나 사람들 모두 물 좋고 정자 좋고 하진 않다"**라는 말씀이다. 즉, 모든 존재에는 좋거나 나쁘거나 이롭거나 해롭거나 하지 않고 정량적이지 않지만 둘 다 내포되어있다는 뜻이다. 이렇듯 노자의 말씀이나 어머님께서 말씀하신 격언처럼 세상은 양의의 이치, 양자 얽힘의 이치가 상존한다.

좀 더 이 개념을 확장시켜 사물이나 물질의 사회적 관계 속에서 일어나는 동적(動的)인 상태에도 적용해 볼 수 있는데, 모두 다 익히 알고 있는 고사(古事) 하나를 새롭게 상기해 보자.

중국 국경의 어느 지방에 한 노인이 말을 기르며 살고 있었는데 그러던 중 기르던 말이 북쪽 나라 땅으로 도망쳤다. 이웃들이 위로의 말을 건네자, 노인께서 "이 일이 복(福)이 될지 어찌 알겠느냐"며 담담(淡淡)해했다. 시간이 흘러 몇 달 후 도망쳤던 말이 암말을 데리고 돌아왔다. 그러자 이웃에서 "노인께서 말씀하신 대로입니다" 했다. 그러자 노인이 "이것이 화(禍)가 될지 어찌 알겠소" 했다. 며칠 후 노인의 아들이 그 말을 타다가 낙마하여 다리가 부러지는 사고를 당했다. 그러자 이웃들이 위로를 했다.

이때 또한 노인은 “이게 복이 될지도 모르는 일 아니겠소” 했다. 그 일이 있은 지 얼마 지나지 않아 북쪽 나라에서 침략하여 나라에서는 징집령을 내렸고 젊은이들은 모두 전쟁터로 징집되어 갔다. 그러나 그 아들은 다리 사고로 인해 전쟁터에 가지 않게 되었다. 그제야 이웃들이 노인이 왜 덤덤했는지 알았다. 이 고사는 후세에 새옹지마(塞翁之馬)라 회자(膾炙)되곤 한다.

이렇듯 인간의 삶의 여정 속에서 한 인간의 느낌이나 생각, 행위의 결과 등 그때그때 상황에 처하여 판단하게 되는 것들이 사실은 아직도 진행 중이거나, 진행의 끝이 여전히 알 수 없는 죽은 이후에나 가려질지도 모른다.

그렇기에 겉으로 드러나는 대상(환경)과의 관계에서 수시로 변하는 모습이 아닌, 시냇물이 강물을, 강물이 바다를 향하는 것처럼 변하지 않는 모습으로, 일념의 이치가 온전히 유지되는 양자적(量子的), 가역적(可逆的) 상관관계(相關關係)인 삶을 유지하여야 하며 삶 자체를 바로 보고, 크고 넓게 객관적으로 판단하는 지혜가 필요하다고 생각한다. 그것이 우리에게 주어진 삶을 보다 더 행복하게 살 수 있는 길(道)이 아닌가 싶다.

독일의 천재 과학자 라이프니츠(Gottfried wilhelm Leibniz)는 『주역』 괘사(卦辭)의 음양효(陰陽爻)의 모양에서 자신이 발견한 이진법(二進法)과 유사한 원리를 발견하고, 『주역(周易)』의 저자로 알려진 복희(伏羲)씨를 창힐과 함께 문자(文字)를 발명한 전설적인 신적(神的) 존재로 거론했다고 한다.

『주역』은 괘사의 **음효(陰爻)와 양효(陽爻)의 이분법**은 기호학적으로 보면 **0과 1의 이진법(二進法)**으로 변환할 수 있는 체계가 된다.

오늘날 인터넷 하이퍼텍스트의 원리가 이진법에서 비롯된 것이 라이프니츠에서 시작되었고, 라이프니츠는 『주역』에서 영감을 얻었다는 사실을 생각해 보면 이는 '양자 얽힘의 원리"가 양의인 음(陰)과 양(陽)의 끊임없는 변화를 통해 우주 운동의 동력을 만들고 있으며, 『주역』에서는 그 모습을 드러내 보이는 육효(六爻)의 배열을 통해 이 우주는 끊임없이 움직이고 변하면서 에너지를 생성하고 소멸하고 있음을 알려 주고 있다.

현대사회의 가장 필수적 도구인 컴퓨터의 작동이론을 밝혀 지금의 컴퓨터 없이 못 사는 세상이 되었으며 우리가 생활 속에서 보고, 느끼고, 판단하고 고민하는 것들이 결국엔 모두 태극(太極), 음양(陰陽)과 양의(兩儀)의 개념으로 수렴된다는 것을 라이프니츠가 밝힌 이진법을 통해서 돌아볼 수 있다.

아주 오래전부터 전해 와 인간 생활에 깊이 침투한 『주역』의 이치가 요즘 최첨단 시대에 들어서면서 이진법의 0과 1의 개념을 넘어 0과 1이 중첩되어 있는 양자적 주역의 개념으로 바뀌게 되었고 새로운 패러다임이 필요한 인류에게 새로운 지혜로서 신인류의 길을 밝히는 등불이 될 거라 믿는다.

더불어 헤겔(G. W. F. Hegel)과 마르크스(Karl Marks)를 통해 그들이 이야기하는 인간과 그 대상과의 관계 속에서 양의 개념을 살펴보자.

헤겔은 1817년 출간된 『철학강요』에서 **순수존재(reine Sein)**를 시작으로 크리스트교의 삼위일체 교의에 기초하여 성부(聖父)인

헤겔(G. W. F. Hegel)
(사진 출처 : 위키피디아)

정(正), 신이 인간으로 자기 분열한 성자(聖子)인 반(反), 정신으로 파악된 성령(聖靈)에서 아들과 통일되는 합(合)의 삼단논법(三段論法) 개념을 내세워 절대정신(絶對精神)의 변증법(辨證法)적 운동을 설명하고 있다. 다시 말하자면 이 개념은 보이는 사물의 존재를 우물이든 폭포수든, 나무든, 분재든, 노동자든, 자본가든지 각각의 개체의 특성을 고려하지 않고 존재함만으로 논의를 말하는 추상적인 생각이다.

헤겔은 『정신현상학』에서 자기의식(自己意識)을 강조하였는데, 개인과 대상(對象)이 관계로 엮인 현실 상황을 직시하는 대신 국한된 한 개인의 의식에 의해 만들어지는 주관(主觀)과 객관(客觀)만을 강조하였다. 그러다 보니 '마음에 떠오르는 대상'을 '현실적 대상'과 동일하게 바라보는 오류를 범하고 있는 것이다.

이에 관하여 칼 마르크스는 "인간에게 '대상'은 현실적 존재 활동이 일어날 수 있는 꼭 필요한 조건이고 전제이지만, '객관'이라 함은 단지 자기의식에 의해 스스로 결정되어지는 주관이 바라보는 것으로서 스스로 대상이 될 수도 없고 대상도 가질 수 없이 관계가 끊어진 만들어진 모습에 지나지 않는다"고 하였다. 그리하여 이를 '대상적 존재'라는 개념에 반하는 개념을 '비대상적 존재'라 칭하면서 마치 스크린 속 영화나 액자 속 그림처럼 그저 생명이 없는 단순하고 유일한 존재이며 그 주위에는 아무 존재함도 없고 그저 홀로

칼 마르크스(Karl Marks)
(사진 출처 : 위키백과)

있는 것이라고 정의하였다. 그리하여 **"비대상적 존재는 비존재다. 오로지 대상적 존재만이 존재한다"**라고 선언했다.

이를 다시 생각해 보면 '자기의식이 있어 인간이 있다'는 관념론(觀念論)을 넘어서 실재적, 현실적으로 **'인간이 있어 자기의식이 있다'**는 대상과의 관계를 중시하는 상관적 인간관을 볼 수 있다.

그동안 서양철학 관념론에서는 인간과 세계를 완벽한 이데아(Idea)의 세계와 불완전한 현실 세계로 나누고, 인간은 영원불멸의 영혼(靈魂)과 감각적(感覺的)인 약한 육체(肉體)로 구별했다. 그리하여 세계와 자아를 대상으로서의 자연과 그 자연과 구별되는 주체적인 인간으로 구별하는 이원론적 세계관을 표방하는 인과론적인 사상인 것이다.

그런데 이러한 추상적인 것으로부터 모든 것의 원인이 시작된다고 여기는 인과론적 사유와 대비해서 칼 마르크스는 인간이 사유할 수 있는 모든 영역에서 쌍방의 관계를 중요시하는 상관론적 사유를 역설하였다. 이는 사유와 의식의 문제에 있어서 현존 세계의 현실 문제로 이행해 나가는 존재의 논증 방법이다. 이를 통해 입자의 존재 방식 중 하나인 항상 양의적 상태의 현존하는 개인과 그 개인에게서 동시 출현하는 대상을 사유하는 양자 얽힘의 원리로 접근하여, 한 인간의 현존과 동시에 시공간(時空間)의 개념을 뛰어넘어 존재하는 대상을 밝힐 수 있게 되었다. 이는 현실 세계의 문제 해결에 적극적으로 나선 깊은 통찰의 이론이라 생각한다.

제2절. 상보성의 원리(相補性原理, Complementarity Principle) - 닐스 보어(Niels Henrik David Bohr)

닐스 보어
(사진 출처 : 나무위키)

1928년, 덴마크의 물리학자 닐스 보어가 한 이론을 발표했다. 빛이나 전자는 실험 조건에 따라 파동(波動)처럼 행동하기도 하고 입자(粒子)처럼 행동하기도 한다는 이론이다. 이 이론에 따르면 어떤 물질은 관측될 때는 입자로, 관측되기 전에는 파장(波長)으로 존재하며 그 둘은 섞이지 않는다. 그렇기 때문에 한 입자가 동시에 여러 가지 위치에서 측정되는 것은 불가능하고, 동시에 여러 가지 속도를 가지며 측정되는 것은 불가능하다.

즉, 어떤 물리적 계(物理的 界)의 한 측면에 대한 지식은 그 계의 다른 측면에 대한 지식을 배제한다는 의미이다. 그러므로 물리적 양상이 이것 아니면 저것**(Or)**이 아니라 이것이거나 저것**(And)**으로 구현된다고 한다.

결론적으로 양자 중첩은 'And'도 'Or'도 아닌 **그 무엇**으로 새로운 존재론적인 범주이며 '0이거나 1이거나 0과 1 모두이거나'이다.

영국의 물리학자 폴 디랙(Paul Dirac)은 양자역학의 심장부에는 중첩(重疊)의 원리가 있다고 하였다. 하지만 사고실험을 통해 밝혀진 양자물체의 특징적인 성질인 상보성의 원리를 정량(定量)적으로 측정할 기술이 없어서 과학계에서는 **정성(定性)적**으로만 알고 있었다. 그러나 **'양자물체의 이중성과 상보성'**, **'파동함수의 얽힘'** 등을 완전하게 이해하기 위해서는 **정량적** 측정이 필수적 기술임에도 이를 밝혀내지 못하고 있었으나, 최근 2021년 한국기초과학연구원(IBS)에서 '얽힌 비선형 광자쌍 광원(ENBS)'의 자체개발을 통해 양자물체의 입자성(粒子性)과 파동성(波動性)의 정량적 관계가 존재함을 증명했으며 상보성 원리의 정량적 관계를 100년 만에 측정해 냈다.

1. 전자(電子)의 위치(位置)와 운동량(運動量)

관찰 전자의 해상도를 높이기 위해서는 짧은 파장(波長)의 빛을 이용해야 한다. 짧은 파장은 높은 에너지를 소유하므로 높은 에너지를 그대로 전자에 전달했을 때 높은 해상도를 얻을 수 있게 된다. 하지만 그에 비해 에너지가 높을수록 그 **전자의 운동량(運動量)의 불확정성(不確定性)은 상승**하게 된다.

반대로 운동량을 정확히 측정하기 위해서 낮은 에너지를 가진 긴 파장의 빛을 쓰면 그만큼의 해상도가 떨어져 **전자 위치(電子位置)의 불확정성이 늘어난다**.

2. 입자(粒子)와 파동(波動)의 이중성(二重性)

결정론적(Determinism) 이론인 상대성 이론의 중요 개념 중 하나는 어떤 관측자에게 동시에 일어나는 일로 확인되는 사건들이 다른 관측자에게는 동시가 아닐 수 있다는 것이다. 달리는 기차의 내부 관찰자는 바깥 세상보다 시간이 느리게 흐르고 외부 관찰자는 서로의 시간이 다르게 가게 되는 실험이 그 예이다. 동시성(同時性)과 그에 대한 상대성(相對性)의 개념인 것이다.

파동(波動)과 입자(粒子)의 큰 차이에 대해 알아보자. 입자는 두 개의 입자가 한자리에 있는 것이 불가능하나 파동(波動)은 동시에 한자리에 있으면서 보강되어 커지기도 하고 상쇄되어 없어지기도 한다.

빛은 전자기파로서 분명히 파동성(波動性)을 가지지만 빛과 전자가 부딪혔을 때 전자는 마치 야구공에 부딪힌 것처럼 빛이 진행해 오는 방향으로 튕겨져 나간다. 이것은 명백한 빛의 입자성을 나타낸다. 더 나아가 입자인 줄 알았던 전자도 간섭무늬를 발생시킨다는 실험 결과를 통해 입자의 파동성을 관측함으로써, **전자라는 특별한 물질뿐만 아니라 모든 물질이 파동성(波動性)을 가진다는 결론에 도달한다**. 따라서 **빛은 파동(波動)이면서 입자(粒子)인 이중성(二重性)**을 가지게 된다. 이것이 바로 아인슈타인의 광전효과(光電效果)이다.

모든 파동은 입자성(粒子性)을 가진다.

모든 입자는 파동성(波動性)을 가진다.

모든 존재하는 외적(外的)인 대상(對象)은 입자성과 파동성을 모두 가진다. 즉, **이중성(二重性)을 가진다**.

그리고 입자가 파동성을 가진다는 것은 입자(粒子)가 파동(波動)을 타고 위아래로 진동한다는 것이 아니다. 그 존재성 자체가 파동처럼 퍼져 있다는 것이다. 그래서 **확률 파동(確率波動)**이라고 한다.

이와 같은 존재성의 양태를 보면서 우리 모두 전체 삶의 과정이나 대상과의 관계에서 어느 한순간 찰나의 접점에서 물어보자.

내가 나를 아는가? 너는 너를 아는가?

내가 너를 아는가? 너는 나를 아는가?

내가 확실하게 아는 것은 내가 나를, 내가 너를 모른다는 것이다.

우리 인간은 나를 알기 위해, 그리고 너를 알기 위해 끊임없이 공부할 뿐이다. 불가(佛家)에서는 이를 열반(깨달음, Nirvana)에 이르는 공부요, 수행이라 하지 않는가.

3. 블랙홀(Black Hole)의 딜레마

블랙홀을 향해 움직이는 A와 지평선 밖에서 정지된 채로 이 현상을 관찰하는 B가 있다고 가정해 보자.

A : 자유낙하(自由落下) 상태인 A는 아무런 변화가 없다. 지평선

을 지나는 것조차 느끼지 못한다.

B : A는 지평선에 다가감에 따라 A의 시간은 점점 느려진다. 이는 중력(重力)이 점차 강해지므로, A뿐만 아니라 A와 관련된 모든 것이 느려진다. 마침내 A가 지평선에 도달하면 B는 A의 시계(視界)가 영원히 멈춘 것으로 관측한다.

지금부터 20년 전, 16년 동안 열정 하나로 똘똘 뭉쳐 영위한 도서유통(圖書流通) 사업이 꽤 성공적이었으나 나의 어음을 타인이 빌려 사용한 후 책임지지 않아서 큰 위기를 맞았다. 주거래 은행의 파업까지 겹쳤고 이를 해결하기 위해 동원할 수 있는 모든 돈을 끌어 모았으나 결국 완벽하게 빈손으로 폐막을 맞이했다.

그날 이후의 삶은 오롯이 나만의 문제였고, 현실이며 책임이었다. 그 안에서 마주하는 끔찍한 현실과 관계들과 단상(斷想)들을 오롯이 혼자 안고 자유낙하하는 A와 같다.

B는 그 문제 밖에 서서 자유낙하하는 A를 지평선 끝으로 낙하할 것이라 여기며 그저 무심하게 바라본다.

그러나 낙하 중인 A의 시간은 아직 진행 중인 것이니 낙하하여 종말을 고(告)할지, 재도약할지는 온전히 A인 나의 문제였기에 그저 현재를 직시하고 그 한계를 극복하기 위해 내일을 향해 바른 방향을 잡고 올곧게, 꾸준하게, 확신을 가지고 끊임없이 진행할 뿐이다. 낙하하는 나를 바라보는 B의 시각에 동요하지 않고 오로지 낙하하는 나를 꼭 붙잡아 열심히 나를 알기 위해 공부하면서 블랙홀을 넘어 창공으로 비상하는 중이다.

1843년 덴마크의 철학자 키르케고어는 저작(著作) **『Enten-Eller(이것이냐, 저것이냐)』**에서 "결혼해 보라. 그대는 후회할 것이다. 독신으로 있어 보라. 역시 후회할 것이다. 결혼을 하든지 안 하든지 그대는 후회할 것이다."라고 말하며 진정한 개인이란 혼자 설 수 있어야 한다면서 스스로가 세상을 사는 법을 골라야 한다고 했다.

키르케고어
(사진 출처 : 위키디피아)

"'진정한 역동성'은 '이것이냐, 저것이냐'를 뒤따르는 것이 아니라 그 앞을 가는 것이기 때문이다."라고 하며 **양쪽이라는 이분법(二分法)을 넘어서서 새로운 길을 잡아내는 변증법(辨證法)을 고민하게 하는 화두(話頭)를 던졌다**.

뒤에 언급되는 김영규라는 분이 놓고 간 책 중에 키르케고어의『유혹자의 일기』를 나중에 읽었을 때가 생각난다. 앞서 말한 '이것이냐, 저것이냐'의 명제가 맨 앞장에 쓰여 있었다. 그 내용은 작자와 대상 여성과의 관계에서 심리적으로 서로 관찰하며 각각의 존재를 스스로 인식해 가는 과정을 썼으며, 그 과정을 여러 상황들을 통해 풀어내 인간의 실존(實存) 문제를 밝히려 했던 것으로 이해했다.

상보성을 중심으로 실존을 생각해 보자면 음(陰)과 양(陽)은 서로 순환하면서 보완하는 관계로 서로서로 화합하여 조화를 이루지만 결코 같지 않게 화이부동(和而不同)하며 물리적 실재에 대한 성질들은 상호 보완적인 짝을 이루어 존재한다. 즉, 어떤 물리적 실재는 경우에 따라서 A도 되고 B로도 존재할 수 있다는 것이다. 하지만 동시에 A이자 B일 수 없음을 의미한다. 예를 들면 **빛은 경우에 따라 입자 혹은 파동으로 행동할 수 있지만 동시에 입자(粒子)이며 파동(波動)일 수 없다**.

파동과 입자의 이중성(二重性) 외에도 운동량과 위치 등도 상보성(相補性)의 원리로 설명할 수 있다.

분명 실존하는 나는, 내가 느끼고 감각하는 지금의 나인데, 분명 나인데…. 내가 진정으로 내가 맞는가? 이런 내가 이렇게 느끼고 교감하고 생각하는 내가, 혹시 나의 상대로 존재하는 너는 아닐까? 내가 네가 될 수 없는 사실이 맞는가? 그런가?

여기서 광자와 전자의 상보성(相補性)을 보면서 생각해 보자!

나는 분명 나이다!

그리고 너 또한 분명 너 이다!

그런데 그것이 전부인가?

나는 너이고, 너는 나일 수 있다면 그건 어떠한가?

개인 간 일대일의 관계에서 나아가 개인과 나랏일 하는 관계에 이르기까지, 더 나아가 나라와 나라 사이에는 어떨까? 서로 마주하는 상대가 타자(他者)가 아니라 바로 나일 수 있다는 생각을 한다면 어떨까?

진정한 인류 공동체 개념은 환상인가?

이상주의자의 몽상(夢想)일까?

너무나 꿈같은 이야기라 생각지 말기를 바란다.

우리는 천국을, 극락을 소망하며 유토피아를 꿈꾸고 그 이상향을 현실화하기 위해 끊임없는 연구와 발전을 거듭한다. 그러나 이 과학적 생각과 그에 따른 생산은 상대적으로 무엇인가를 소비한다는 것이요, 과학에서 측정이라고 하는 순간과 현실에서 인위라고 하는 인간의 행위가 열역학 제2법칙인 엔트로피의 법칙, 즉 무질서도 증가의 법칙에 따라 또 다른 피해를 양산해 낸다는 것이다. 그러므로 인류 생존에 필수 불가결한 과학발전을 제외한 나머지 인간의 비교 우위적 욕망을 충족하기 위한 무분별한 과학발전을 지양해야 한다. 인간의 내적 성취를 더 우선시하고 사회적으로 나와 너를 동일시한다면 그것이 평화로운 인류가 되는 지름길 아니겠는가?

『장자(莊子)』 제2편 「제물론(齊物論)」을 통해 양의(兩儀) 개념, 상보성(相補性)을 들여다보자.

> 物无非彼(물무비피)
> 세상 사물은 나의 상대인 '저것' 아닌 것이 없고,
> 物无非是(물무비시)
> 동시에 자기인 '이것' 아닌 것이 없다.
> 自彼則不見(자피즉불견)
> 상대를 상대로서만 봐서는 '자기 자신도 상대에게는 상대라는 것을' 볼 수가 없고,
> 自知則知之(자지즉지지)
> '상대성'을 분명히 인식해야만 자기도 상대가 된다는 것을 알

수 있다.

故曰彼出於是(고왈피출어시)

하여 이르기를 "상대는 자기로부터 비롯되고,

是亦因彼(시역인피)

자기 역시 상대를 통해서 비롯된다"고 했다.

彼是方生 之說也(피시방생 지설야)

이것이 곧 상대와 자기가 서로 존재의 원인이 된다는 상대성의 학설이다.

雖然(수연)

또한 이러한 생각은

方生方死(방생방사)

상대적으로 삶이 있기에 죽음이 있고,

方死方生(방사방생)

죽음이 있으니 삶이 있다.

方可方不可(방가방불가)

상대적으로 옳음이 있기에 옳지 않음이 있고,

方不可可方(방불가가방)

옳지 않음이 있으니 옳음이 있다.

因是因非(인시인비)

옳다 함이 있으매 상대적으로 그르다 함이 있고

因非因是(인비인시)

아님에 따라 그러함이 따르니,

是以聖人不由(시이성인불유)

그래서 성인은 상대적 시비에 얽매이지 않고,

而照之於天(이조지어천)

그것을 홀로 하늘에 비추어 보는 것이다.

亦因是也(역인시야)

이것이 바로 상대적이 아닌 있는 그대로를 그렇게 보는 것이다.

是亦彼也(시역피야)

이 차원에서는 자기가 동시에 상대이고

彼亦是也(피역시야)

상대가 동시에 자기일 뿐이며,

彼亦一是非(피역일시비)

상대도 옳고 그름(是非)이 있고,

此亦一是非(차역일시비)

자기도 시비가 있는 것이다.

果且有彼是乎哉(과차유피시호재)

과연 '이것'과 '저것'이 제각기 있는가?

果且无彼是乎哉(과차무피시호재)

과연 각각의 너와 나는 없는 것인가?

彼是莫得其偶(피시막득기우)

상대(相對)와 자기(自己)가 분리되어 대립적 대립관계를 넘어서서 서로를 상대로 마주하지 않는 경지를

謂之道樞(위지도추)

일컬어 **'도의 지도리(道樞)'**라고 부른다.

樞始得其環中(추시득기환중)

지도리가 그 회전의 중심을 얻을 시면,

以應无窮(이응무궁)

그 무엇엔들 응(應)하지 못하리오.

是亦一无窮(시역일무궁)

'옳음'도 역시 하나의 무궁(無窮)한 변화라면

非亦一无窮也(비역일무궁야)

'그름'도 역시 하나의 무궁한 움직임이니라.

故曰莫若以明(고왈막약이명)

그래서 옳고 그름을 넘어서는 전체를 꿰뚫어 보는 밝음만 하지 못하다고 한 것이다.

나의 생각에 몰입되어 나만의 생각과 판단이 옳다고 주장하다 보면 그 반대편 상대와의 충돌이 있을 수밖에 없으며, 그 충돌을 피할 수 없는 지경에 이르게 되면 궁극에는 파국(破局)에 이르기도 한다. 그러한 극단적 대립 상태를 마주하는 경우, 인간을 포함한 우주 만물의 이치가 기본적으로 상보적 원리를 가지고 있음과 위 장자의 가르침을 돌아보아서 내 자신이 수레바퀴의 축(軸)이 되기를 노력한다면 개인 간 혹은 가정 안에서, 조직 안에서, 사회 안에서 파국을 피할 수 있는 어느 정도의 평안함을 이룰 수 있다고 생각한다.

장자의 「제물론」을 이어서 보자.

以指喩指之非指(이지유지지비지)

내 손가락이 손가락을 가지고서 “저 사람 손가락은 손가락이 아님”을 말하는 것은

不若以非指喩指之非指也(불약이비지유지지비지야)

내 손가락 아닌 것을 가지고서 “내 손가락은 저 사람 손가락이 아님”을 논하는 것만 못하다.

以馬喩馬之非馬(이마유마지비마)

저 말(馬)을 가지고 나의 말(馬)이 아님을 밝히는 것은

不若以非馬喩馬之非馬也(불약이비마유마지비마야)

나의 말이 아닌 것을 가지고 저 말이 아니라고 말하는 것만 못하다.

天地一指也(천지일지야)

천지(天地)가 하나의 손가락에 불과하고

萬物一馬也(만물일마야)

만물(萬物)이 하나의 말일 수 있기 때문이다.

可乎可不可乎不可(가호가불가호불가)

상대가 옳다 하면 옳은 것이요, 그르다 하면 그른 것이다.

문장이 조금 난해하지만 앞에서 서술된 동양의 일원론적, 상관론적 사유방식을 돌아볼 때 ‘색즉시공 공즉시색’ 개념으로 풀어 볼 수 있다. 먼저 본질의 모습이란 물질의 본질과 달리 인간이 그 본질을 바라보아 만들어져 생기는 허상임을 간파하여야 한다. ‘너’로 인하여 내가 있으며, 내가 존재한다는 것에는 항상 ‘너’가 있다는 사실과 세상 만물은 서로에게 영향을 주고 있음을 알아서 인간 사이의 다툼과 분열이 부질없음을 깨닫기를 바

라는 장자의 호소문(呼訴文)이라 생각한다.

성경 레위기 19장 18절의 “네 이웃 사랑하기를 너 자신과 같이 사랑하라”와 마태복음 22장 39절 “네 이웃을 네 몸과 같이 사랑하라”는 무슨 전제나 조건 없이 나를 생각하는 만큼의 무게와 같은 무게로 상대를 생각하고 배려하고 존중하라는 예수님 말씀으로 이 시점에서 다시 새겨 봐야 할 말씀이다.

1959년 발표된 시인 김춘수 님의 **「꽃」**을 소개해 본다.

> 내가 그의 이름을 불러 주기 전에는
> 그는 다만
> 하나의 몸짓에 지나지 않았다.
>
> 내가 그의 이름을 불러 주었을 때
> 그는 나에게로 와서
> 꽃이 되었다.
>
> 내가 그의 이름을 불러 준 것처럼
> 나의 이 빛깔과 향기에 알맞은
> 누가 나의 이름을 불러 다오
> 그에게로 가서 나도 그의 꽃이 되고 싶다.
>
> 우리들은 무엇이 되고 싶다

너는 나에게 나는 너에게

잊혀 지지 않는 하나의 눈짓이 되고 싶다.

이렇게 각 4연으로 나누어진 시(詩)이다. 1연에서는 내가 대상을 인식하기 전에는 그 존재가 무의미함을 밝혔고, 2연에서는 드디어 나의 인식과 더불어 의미를 갖게 되는 대상 존재를 노래하고, 3연에서는 스스로 대상화(對象化)를 통해 실존 존재의 본질을 구현함을 소망하고, 4연에서는 너와 나, 상대성을 초월한 항상(恒常)하는 존재의 본질을 소망함을 표현했다고 이해할 수 있지 않을까 한다.

이로써 장자의 "지도리(道樞)"와 "환중(環中)"의 개념, 상대성과 양쪽이라는 이분법을 넘어서고 육효(六爻)의 음효(陰爻)와 양효(陽爻)가 끊임없이 변하면서 모든 세상의 존재를 밝혀내 보이는 이 이치가 키르케고어가 던진 화두에 답하는 것이요, 상보성의 원리를 웅변해 주는 것이 아닌가 한다.

다시 불경(佛經) 『반야바라밀다심경(般若波羅蜜多心經)』의 깊은 뜻을 핵심을 간추려 살펴보자면 아래와 같은 구절이 있다.

시고(是故) 공중(空中) 무색(無色) 무수상행식(無受想行識) 무안이비설신의(無眼耳鼻舌身意) 무색성향미촉법(無色聲香味觸法) 무안계(無眼界) 내지 무의식계(無意識界)

이런 까닭에 공(空)에는 색도 없고 수, 상, 행, 식도 없으며 안,

이, 비, 설, 신, 의도 없고 내지 의식계도 없다.

이는 눈으로 보고, 귀로 듣고, 코로 냄새 맡고, 혀로 맛보고, 몸으로 접촉하여 외부로부터 취득되는 정보를 통틀어 이르는 객관세계(客觀世界)는 모두 '색'에 포함된다.

이 **'색(色)'**과 **'수(受)'**, **'상(想)'**, **'행(行)'**, **'식(識)'**은 인간 내부로부터 출발하는 의식작용으로 모두 주관(主觀)에 속하는 것이고 주관 중의 주관이 '식(識)'이다. 이 다섯 가지를 **오온(五蘊)**이라 한다.

육근은 안(眼), 이(耳), 비(鼻), 설(舌), 신(身)의 다섯 가지 감각기관(感覺器官)에 '느낌'이라 말할 수 있는 **'의근(意根)'**을 더하여 우리의 신체와 마음의 모든 기능을 담당하는 기관을 말한다.

다음으로 '육경(六境)'은 '육근'의 대상이 되는 색(色), 성(聲), 향(香), 미(味), 촉(觸), 법(法)을 말한다.

마지막의 '계(界)'는 모두 '십팔계(十八界)'이다. 이 '십팔계'는 '육근', '육경', '육식'을 더한 것으로 '18계'는 '근', '경', '식'의 **상대관계(相對關係)에 의해 생긴 18종류의 세계이다**. 예를 들어 '안근(眼根)'과 '색경(色境)'과 '안식(眼識)'이 화합하면 눈을 중심으로 한 하나의 세계가 생긴다. '눈의 세계(眼界)'는 안근(眼根)인 안구(眼球)를 통해 그 대상이 되는 색경(色境)인 나무의 푸른 잎을 바라보는 것으로 안식(眼識)이 된다. 우리 눈은 푸른 잎이라는 색의 세계를 인식(認識)하였다. 이렇게 우리는 의식(意識)하는 것이다.

흔히 "인간은 생각하는 동물이다"라고 정의하는데, 이 생각의 주체가 곧 의식이다. 우리의 인식 작용은 결국 '근', '경', '식' 세 개의 통합 작용에 의해 생김을 알 수 있다. 즉 '식(識)'은 인식의 주체이고 마음이다. '근(根)'은 식의 근본이고, '경(境)'은 마음에서 인식되는 대상이다. 그리고 **모든 사물은 우리의 인식을 떠나서는 존재하지 않기 때문에 대상에서 생기는 일체의 것은 의식에 의한 것이므로 공(空)이다**. 이렇듯 모든 사물은 서로 상관적 의존 관계에 있다. 이렇듯 세상의 만물은 서로 돕고 의지한다. 이것이 바로 **'상보성 원리(相補性原理)'라고 하며 '상부상의(相扶相依)'**인 것이다.

더불어 베르너 하이젠베르크가 **"우리가 관찰하는 대상(對象)이 자연(自然) 그 자체가 아니라 과학적 방법론(科學的方法論)에 노출된 자연의 일부라는 사실을 항상 파악해야 한다."**라고 했던 말을 생각해 보면 우리가 현재 우선시하고 맹종하고 있는 경험적 증거에 기초한 과학적 방법론을 깊이 생각하고 새겨 볼 일이다. 우리가 알고 있고 사회에서 통용되고 있는 경험적 증거란 불확실함이 전혀 없는 확실한 토대 위에 있는 것도 엄밀한 객관성을 담보한 것도 아니다. 그중 극히 일부는 분석도, 검증도, 입증도, 명확한 규정도 되지 않은 전제와 가정들 위에 층층이 기초개념들이 쌓여 있으며 그 위에 특정 분야의 특정 이론들이 선택적으로 얹어진 경우가 있을 수 있다는 것을 염두에 둘 필요가 있다.

과학적, 수학적 많은 이론들과 결론 그리고 수식들의 경우에서 그것들이 자연현상의 명약관화한 원리를 인간이 알 수 없다는 이유로 학회나 학자들이 공동으로 절대적 가치를 약속하여 설정하는 경우가 얼마나 많은가? **빛의 속도**를 규정한 듯이 말이다. 우리 인간은 세상 만물과 우주의 명확한 원리와 진실을 우리가 알고 있는 과학이라는 단어로 덮어서 절대적 진리 가치로 인식하고 있는 것은 아닌지 돌아볼 일이다.

우리 인류는 세상의 만물과 무한한 우주의 살아 움직이는 실체와 원리, 생명들 중에 오직 인간만이 신으로부터 선택을 받았으며 유일무이하게 우월하다는 생각에 젖어 있어 후손에게 빌려 쓰고 있는 이 지구를 마음껏 훼철(毁撤)하고 있다. 인간은 결코 홀로일 수 없기에 그 대상인 세상 만물의 양의(兩儀) 원리인 상대성, 상보성, 일원성의 대대법적(待對法的) 원리를 깨달아 배타적, 이기적 생각을 버려야 할 것이다. 그리고 전 세계적으로 펼쳐지는 인간 욕심의 극단인 경제활동을 새롭게 다시 살펴볼 필요가 있다.

최소투자로 최대이익을 바라는 현대 초국가적 자본의 세계화를 배경으로 시장만능주의, 성장지상주의, 반환경주의로 대표되는 신자유주의(新自由主義)에 기초한 자본주의 속에서 거대 금융 자본가들이 세계 자본시장을 좌지우지하고 있다. 일례로 1997년 한국의 금융 위기 사태는 국내의 내부적 요인도 있지만 외부의 탐욕스러운 금융자본이 개입한 부분도 있음을 간과해서는 안 된다. 또한 그들이 펼치는 대량, 단일, 집중 생산과 유통 무역 등의 세계화(Globalization)는 농업, 임업, 광업 등 1차 산업과 제조업 등 2차 산업 분야, 그리고 자본과 금융 분야에서 지구를 황폐화시켜 인류 역사 이래로 살던 원주민과 자연의 뭇 생명을 죽이고 있으며, 지구 환경 유지에 기여하는 역할을 무력화시키고 있다. 또한 미개발 자원보유국을 황폐화, 무력화시키며 약탈하다시피 하여 1차 산업에 악영향을 끼쳐 지역사회를 사멸(死滅)시키고 있다.

이 사실은 ETC 그룹이 2022년 말 발표한 「Food Barons-위기활용, 디지털화 및 권력 재분배」라는 보고서에 나와 있다. 소수의 기업이 AI로 대표되는 Big tech의 도움으로 전 세계 식량 공급을 통제하고 있으며, 농·식품

부분을 4~6개의 지배적인 회사가 장악하고 있는 사실을 보여 주고 있고, 인종과 기후 변화 사이의 관계에 대한 이해와 함께 추출농업이 유색인종과 원주민 공동체에 얼마나 불균형적으로 영향을 미치는지에 대해 보고하였다.

얼마 전까지 우리의 부모님들께서 하신 농사를 보자.

작년에 추수하여 보관해 둔 씨종자를 새봄에 뿌려 땀 흘려 키우고 기쁨으로 수확하고 다시 씨종자를 보관하는 선순환 농업이었다. 그런데 지금은 어떤가? 특별히 F1 종자라고 하는 고추, 옥수수, 배추, 상추 등 대부분의 채소류는 교잡생산 종자이다. 그런데 종자회사들이 자연이 만들어 낸 생물의 유전자를 인위로 조작하여 순도가 나빠지게 하거나 첫 세대는 자식을 낳을 수 없게 하여 종자를 다시 살 수밖에 없게 한다. 더 나아가 '자살하는 종자'(일명 터미네이터 종자)를 만들었다. 농민이 1년간 생산한 이후에 자가 채종을 하면 종자가 모두 자살하기 때문에 다음 해에 완전하게 재배한 작물의 종자를 채종하지 못하고 종자회사의 의도대로 종자를 다시 사지 않고는 재배하지 못하는 지경에 이르렀다. 이처럼 자연이 베푼 공공의 소유물이 이익 추구 목적의 기업 소유로 바뀌는 일은 이제 없어져야 한다.

또한 일정 지역에서 농·수·축산물의 단일품종 대량재배와 생산 활동이 지구의 환경파괴의 주된 원인이 되고 있으며 인류에게 불행을 가져오는 방향으로 가고 있음이 분명하다. 그렇다면 이렇게 반론을 제기할 것이다. '수십억 명의 인류의 먹거리는?', '굶어 죽는 인류는?' 하고 말이다. 그러나 그렇게 생산된 먹거리의 대부분 중에 사실은 버려지는 양이 인류 전체가 먹는 양을 넘는다. BBC뉴스 코리아 인터넷 기사에 따르면 네덜란

드 바헤닝언 대학의 연구진의 발표에 의하면 매일 버려지는 음식쓰레기가 1인당 500kcal에 육박하며 이는 5명의 식량을 확보할 수 있는 양이라고 한다. 또한 유엔 환경계획(UNEP)에서 펴낸「음식물 쓰레기 지수 보고서 2021」에 따르면 2019년 전 세계적으로 배고파하는 기아의 수는 약 6억 9000명 정도라고 하며, 이에 비해 약 9억 3100만 톤의 음식이 버려진 것으로 파악된다. 이는 인구 1명당 121kg의 음식을 버린 것이며 전체 생산량의 17%에 달한다고 했다. 이제 우리는 인류 공동의 터전인 지구의 생태환경을 복원하기 위해 그들의 횡포를 강력하게 막아야 할 것이며 의, 식, 주의 소비활동에 있어서 각각의 개인 모두가 현명한 가치판단과 행동이 함께하는 삶을 살아야 할 것이다.

참고로 세계의 종자산업의 50%는 미국과 중국이 점하고 있으며 그 뒤를 독일과 일본이 따르고 있다. 우리나라의 토종종자의 75%가 이미 사라져 버렸으며 5대 종묘회사 중 4곳이 IMF 시기에 외국 회사에 매각되었다. 1위 홍농종묘는 1998년 미국의 세미니스에, 2위 서울종묘는 1997년 스위스의 노바티스에, 3위의 중앙종묘는 1998년 미국의 몬산토에, 그리고 청원종묘는 1997년 일본의 사카타카에 매각되었다.

1970년에 헨리 키신저가 한 말을 기억해 보자.

> If you control the oil you control the country; if you control food, you control the population.
>
> (만약 당신이) 석유를 통제하면 국가를 통제하게 되고,
> 음식을 통제하면 사람도 통제하게 된다.

돌아와서 이 절(節)에서 펼쳐진 내용을 살펴보며 어려운 주제인 국내 정치문제를 짧게나마 언급해 보려 한다. 『주역』 원리에 깊이 녹아 흐르며 닐스 보어, 장자, 키르케고어, 『반야심경』, 김춘수, 하이젠베르크에서 보이는 상보성이란 주제를 통해 우리를 알아보았다.

과연 우리나라의 근대에서 현대까지 이르는 정치사를 볼 때 우주, 자연과 그들과의 합일을 중요시한 선현들이 깨우치고 강조한 인간이 가져야 할 본연의 모습에서 너무 멀리 벗어난 것이 아닌가 한다.

정치세력, 정치가에게 권력의 범위를 내 나라, 내 민족으로 하고 대상을 전체 국민으로 하며, 그 정치권력의 목표와 주제(主題)는 전체 국민의 안녕(安寧)과 공공의 이익(利益)과 국민 모두에게 행복한 삶의 추구여야 함이 마땅하다. 그에 따라 외국과의 외교 부분도 철저히 국민의 주권과 이익 확보와 안녕과 자존을 지키기 위한 정책이 우선하여 펼쳐져야 한다고 본다.

내가 큰 틀에서 보기에 우리가 모범으로 보는 미국의 대내외 정치와 정책은 오로지 미국의 이익과 미 국민을 철저히 최우선 순위로 하며 최고의 목표로 운영되고 있다. 그러므로 미국의 정치와 정책을 그대로 모방하는 것이 아닌 우리만의 정책을 펴야 한다. 예를 들어 전 세계 해양을 장악한 해양 세력인 미국에게 태평양 지역에서 제일 중요한 역할을 하는 곳은 동일 해양 세력권인 일본열도일 수밖에 없다. 그다음이 가장 밖에서 보호해 주는 역할을 해 주며 반대 진영인 대륙 세력과 맞닿아 있는 우리 대한민국일 것이다. 대륙 세력과 해양 세력의 두 장점 모두를 가지고 있기 때문에 상대 진영으로 넘어가는 것만은 막아야 하기 때문이다. 그 일례가 1950년 1월 10일 미국의 딘 에치슨 국무장관이 발표한, 소련과 중국의 공산주의 국가에 대응할 미국의 극동지역 방어선에서 한국을 배제한다는 에치슨 선언이다. 우리는 이 사실을 잊지 말아야 할 것이다. 그 선언이 공교롭게도 6개월 후 북한이 6.25사변을 일으키게 된다. 이러한 예를 보면 미국은 한국과 일본 사이에선 당연히 일본 편을 들 수밖에 없다고 생각된다. 그래서 우리는 중립적이며 매우 실리적이어야 한다고 생각한다.

모범 사례를 들어보자면, 현재 미국과 중국의 극심한 패권 경쟁 시대에서 인도가 취하는 외교정책을 들여다볼 필요가 있다. 인도는 '모든 나라와 모든 가능성을 열어 두는 전략적 자율성을 추구'하는 정책을 펼치고 있다. 인도의 국익에 도움이 된다면 인도 태평양 지역 패권을 유지하려는 미국뿐만 아니라 그 패권을 흔들려는 중국, 소련과 각각 활발하게 정치적, 경제적 관계를 유지하며 세계 정치, 경제의 중심 자리를 잡아 가고 있으며 인도의 가치를 높여 가는 상황이다.

이러한 예를 들어 볼 때 우리는 박정희 대통령 시절 미국으로부터의 민주주의 질서 요구로 인해 시작됐지만 그를 발판으로 힘차게 추진된 **자주국방(自主國防), 자주외교(自主外交)와 노태우 정부의 북방정책**의 기치를 새삼 다시 단단히 세워야 할 것이다.

그러나 우리의 실정은 어떠한가? 정파마다, 정권마다, 그 권력 향방이 바뀔 때마다 같은 주제, 같은 원리, 같은 이념이 너무도 쉽게 바뀌고 버려지고 윤색(潤色)되는 일이 비일비재하다.

특히 국익에 있어서 중요 정책인 외교(外交)와 국방(國防) 관련 정책마저 일관성을 잃고 자신들의 작은 이데올로기나 정파의 이익에 기준 하여 국가 장기 미래 정책조차도 5년 정권의 시각에 따라 바뀐다. 특히 대일본 정책에서 적나라하게 보여 주고 있는데, 과연 외교의 대상인 나라들이 우리나라를 신뢰할 수 있겠는가 하는 걱정이 앞선다.

그리고 국민과의 약속과 관련하여 자기 쪽에서 주장했던 정책이었음에도 입장에 따라 수시로 뒤집어 주장하는, 원칙도 없이 반대를 위한 반대를 하는 그런 정치를 해선 안 된다. 정권을 잡기 위해서, 정권의 이익을 유지하기 위해서, 정권을 통해 그들의 그릇된 욕망을 이루기 위한 도구로서의 정치가 아니라 미국이나 대다수의 나라에서 철저히 국가 전체의 이익과 국민의 절대 행복과 안녕을 위해 국가를 경영하는 것처럼 우리나라도 국가와 국민의 이익과 안녕을 최우선으로 국가 정책을 펼쳐야 할 것이다.

나라를 소중히 생각하는 국민의 한 사람으로서 간절히 바라는 바는 서로 내가 상대가 될 수 있다는 생각으로 상보적 대상인 상대 정파(政派)를 바라보아야 하며, 상대를 지적하기 전에 나를 돌아보며 상대의 문제점을 지적하고 상대의 옳은 점도 인정해야 한다. 위정자들은 나라의 근간이 되는 외교, 국방 등 대외 기본 정책에 사사로움이 없어야 할 것이며 대내적인 내치(內治)에는 불편하고, 굶주리고, 헐벗고, 참담한 일을 겪고 억울한 죽음에 이르기까지 하는 경우를 당하는 국민이 없게 해야 한다. 만약 그런 일을 당한 한 명이라도 있다면 안 될 일이다. 헌법(憲法)의 테두리 안에서 권력을 위임받은 위정자들 바로 그 자신들과 똑같이 인간으로의 권리를 부여받은 소중한 인격체라는 마음으로 공평무사한 공정의 자세를 가져야 한다. 오로지 국민을 위하고 바라보고 진심으로 **공감하며**, 진실하고 보편적 가치가 온전히 바로 서고, 사리사욕에 우선하여 그 가치가 유지되고 보존되는 그런 **염치(廉恥) 있는** 대한민국의 정치문화가 하루빨리 자리 잡아 우리 대한민국이, 국민이 행복해지는 시대가 오기를 희망해 본다.

제3절. 이중성(二重性)의 실험(Wave-Particle Duality) - 토마스 영, 루이 드 브로이, 클린턴 데이비슨, 레스터 거머, 조지 톰슨

루이 드 브로이
(사진 출처 : 위키피디아)

프랑스의 귀족 과학자 **루이 드 브로이(Louis de Broglie)**가 최초로 제안한 것으로 "파동이란 입자와 관련된 그 무엇이며 광자(光子)와 같은 입자는 자신과 관련된 파동의 길을 찾아간다."는 주장이다. 이후 1927년 클린턴 데이비스와 레스터 거머, 조지 톰슨이 **전자**를 이용한 이중 슬릿 실험을 통해 전자가 입자가 아닌 파동(波動)이기 때문에 중력에 상관없이 전자가 원자핵을 중심으로 돌 수 있음을 밝혀냈고 이로써 **드 브로이 방정식을 증명했다**.

1970년대 말 멜버른대학의 토니 클라인(Tony Klein)과 동료들은 빛이 아니라 중성자 빔으로 재현해 이중 슬릿 실험에 성공함으로써 19세기 빛의 간섭에 대한 실험을 증명했다.

이 실험에서는 이중 슬릿에 **중성자 빔**을 쏘아 보낸다. 그 빛은 두 개의 막대기가 아닌 파장으로 여러 갈래 나뉘어 중첩상태(重疊狀態)인 이중간섭 현상이 일어났다. 그때 관측기로 사진을 찍어 보니 입자처럼 행동하는 것을 확인하였다. 이를 통해 이중 슬릿 실험은 미관측 상태에서는 파동처럼 행동하다 관측 당하자마자 입자처럼 움직인다는 결과를 도출했다.

이와 같이 관측기가 있을 때는 입자로 행동한다는 것으로 전자는 의식이 있는 것처럼 행동한다. 물체 존재가 사회적 대상과의 관계 속에서는 입자 운동처럼 선택의 결정이 이루어지고, 관측기가 없을 때는 파장으로 행동한다. 이것은 사회적 대상이 없을 때 오롯이 대상을 제외한 선택의 문제가 아닌 자기만의 인식의 문제일 경우로 볼 수 있다.

불경(佛經) 중 『금강경(金剛經)』에서는 "불응주색생심(不應住色生心) 불응주성향미촉법생심(不應住聲香味觸法生心) 응무소주이생기심(應無所住而生其心)", 즉 "마땅히 눈에 보이는 것에 머물러 마음을 내지 말 것이요, 소리와 냄새와 맛과 느낌과 법에 머물러 마음을 내지 말 것이며, 마땅히 머무는 바 없이 그 마음을 내어야 하느니라" 하였다. 6조(六祖) 혜능(慧能)은 일체유심조(一切唯心造)라 하여 삶의 노정에서 겪게 되는 모든 것은 마음으로부터 시작되고 만들어지는 인식의 문제를 중요시하였다.

우리가 살아가는 삶의 과정에는 대상과의 관계 속에서 자기 스스로가 느끼는 희(喜), 노(怒), 애(哀), 구(懼), 애(愛), 오(惡), 욕(慾)의 칠정(七情)과 같은 여러 가지 마음이 있다. 이 칠정은 나와 마주하는 사람과의 관계나, 어찌할 방법 없이 거역할 수 없는 대상에서 오는 답답함이나, 자연과 세계의 이치가 나의 욕심과 괴리가 생길 때 드는 허무함 등으로부터 마음 안에서 일어나게 된다. 결국 우리는 많은 고통과 번민과 갈등 속에서 일어나는 여러 마음들 중에 내가 느끼고 생각하여 판별하는 그 마음이 주가 되고 그것이 스스로 불행을 가까이 불러들이고 있는 것은 아닌지 곰곰이 생각해 볼 일이다.

그렇다면 직접적으로 그 대상에게서 받거나 혹은 나 스스로 비교를 하여 생기는 마음의 고통을 들여다보았을 때, 그 상상이나 비교가 애초에 의미가 없음을 깨달아 전혀 인정하지 않거나 무시해 버릴 필요가 있다.(사실 나 같은 경우는 순간순간 항상 "막여심위반(莫與心爲伴)", 즉 내 마음속에서 일어나는 그 마음과 짝하지 않으리라는 다짐을 하며 살고 있다.)

그렇게 된다면 원래 본성으로 인간 내면에 자리 잡고 있으나 칠정(七情)의 마음에 가려져 잊어버렸던 인(仁), 의(義), 예(禮), 지(智)의 4덕(四德)이 드러난다. 그리고 그 4덕에서 발하는 맹자가 말한 그 사단(四端)이 있다. 우리는 인(仁)에서 발하는 측은지심(惻隱之心, 타인의 아픔을 가엽게 여길 줄 아는 마음), 의(義)에서 발하는 수오지심(羞惡之心, 부끄럽고 수치스러움을 아는 마음), 예(禮)에서 발하는 사양지심(辭讓之心, 양보할 줄 아는 마음), 지(智)에서 발하는 시비지심(是非之心, 옳고 그름을 아는 마음)의 사단을 자연스럽게 찾게 된다. 이렇게 되면 본성(本性)의 절대가치를 회복하게 되고 마음에 있는 덕으로 인해 평화를 찾게 된다. 그 평화를 소중히 여기고 삶의 기준으로 삼는다면 행복이 항상 함께하지 않을까 생각한다. 이러한 행(幸)과 불행(不幸)의 상태를 인식하는 인식의 문제, 그에 따른 존재론을 살펴보자.

"나는 생각한다. 고로 존재한다"는 데카르트의 명제에서 보듯이 자신이 인식하는 세상 외에는 없다는 존재론 인식의 문제는 이후에도 계속 동양과 서양의, 개인 인간과 세계의, 인식 논쟁을 발전시켜 왔다. 그 과정 속에 서양 과학계에서는 현대에 이르러 존재론 문제에 대한 중요한 발견이 있었다. 존재함에 있어서 물질로 존재하지 않는 세상은 에너지(Energy)로 존재하며 그 에너지의 존재 형태는 암흑물질(暗黑物質), 힉스(Higgs boson) 입자이며 더 나아가 초양자장 개념까지 등장하게 된다. 우리의 우주는 대략 68%의 암흑에너지와 27%의 암흑물질 그리고 5%의 일반 물질로 이루어져 있다는 것이다.

에너지 보존(保存)의 법칙(열역학 제1법칙)

이 원리를 일찍이 불교에서는『반야심경(般若心經)』에 불생(不生) 불멸(不滅), 즉 나지도 않고 없어지지도 않으며, 불구(不垢) 부정(不淨), 즉 더럽지도 않고 깨끗하지도 않으며, 부증(不增) 불감(不減), 즉 늘지도 않고 줄어들지도 않는다고 설파했다.

물리학에서 **'에너지 보존의 법칙(law of conservation of energy)'은 외계(外界)에 접촉이 없을 때 고립계(孤立界)에서 에너지의 총합(總合)은 일정하다는 것**으로 물리학의 바탕이 되는 법칙 중의 하나다. 이 법칙에 따르면 에너지는 아래와 같다.

① 그 형태를 바꾸거나 다른 곳으로 전달할 수 있을 뿐 생성되거나 사라질 수 없다. 항상 일정하게 유지된다는 것이다. 롤러코스터에서 중력에 의한 위치(位置)에너지가 운동(運動)에너지로 변환되거나 화약의 화학(化學)에너지가 총알의 운동에너지로 변환되는 것이 그 예

이다.

② 현재의 에너지가 다른 에너지로 전환될 때에 형태만 전환될 뿐 에너지 총합은 일정하며 다시 말하면 우주 에너지는 시작부터 종말에 이르기까지 총 물리량은 변하지 않는다는 것이다.

③ 어떤 내부 에너지의 증가량은 더해진 열(熱)에너지에서 외부에 해준 일을 뺀 양과 같다.

20세기 에너지 보존의 법칙은 아인슈타인(Einstein)의 특수상대성 이론을 통해 '질량, 에너지 보존의 법칙'으로 확장되었다. 특수상대성 이론에 따르면 에너지의 한 종류인 질량은 기준 관성계(慣性界)에 따라 측정되는 값이 다를 수 있지만, 같은 관성계에서는 시간의 변화에 대해서 불변이다. 열역학(熱力學)에 있어서 에너지 보존의 법칙은 '열역학 제1법칙(the first low of thermodynamics)'이라고 한다.

여기서 고전역학의 개념과 양자역학의 개념의 차이를 다룬 대표적인 아인슈타인과 닐스 보어의 논쟁 일화를 소개해 본다.

> Einstein : 우리가 달을 바라보지 못한다고 달이 그곳에 없단 말인가? 당신은 정말 그렇게 생각하는가?
> Bohr : 달을 바라보는 사람이 단 한 명도 없다면, 달이 그곳에 있는지 확인할 방법은 없다.
> Einstein : 우주는 완벽하게 설계되었고, 하나의 이론으로 설명될 수 있으며 확률(確率)로 좌지우지되는 세상이 아니다. '신은

주사위를 던지지 않는다(Subtle is the lord, but malicious he is not, 주재자는 절묘하지 심술궂지 않다. 신비적 주술에서나 가능한 일이다).'
Bohr : 신(神)이 주사위를 가지고 뭘 하는지 아인슈타인 자네가 신에게 이래라 저래라 하지 말라(Einstein stop telling God what to do).

우리가 지금까지의 생각과 다른 입장을 취해 본다면 어떨까? 현실적으로 생각을 확장해 보면 외부소식(外部消息, News)이 있기 전과 후의 나의 모습은 어떨까? 내가 그 소식을 듣기 전에 그 일은 있었으나, 나는 그 소식을 듣고 나서야 그 일을 알았다. 그것은 내가 그 소식을 듣기 전까지는 나에게는 없는 일인 것이다.

최초로 달의 존재를 볼 때와 안 볼 때의 달의 존재와 나의 인식과 상황은 어떠한가? 당연히 추상적 인식은 있을 수 있겠으나, 구체적 **달의 존재를 인식할 수 있는 것은 달을 보고 나서이다**.

더불어 기억과 망각에서의 실재하는 존재론의 의미 또한 어떠한가? 내가 기억하는 잘못된 사실이 나의 인식 체계 속에서 굳어져 버린 사실이라면? 혹은 이전에 인식했던 정확한 사실이 망각에 의해 잊혀버린 사실이라면? **실제 존재와 인식된 존재는 다를 수 있다.** 그렇기 때문에 양자역학 이론에서 모든 만물은 내가 보는 순간에 혹은 의식할 때만 존재한다는 견해를 취하고 있다.

우리 인간은 이 광활한 우주의 실체를 파악함에 있어서 전체 실재의 양상 전부를 알고 있는 것이 아니라 직접 보고, 듣고, 느끼고, 인식하는 범위까지 만을 실재하는 상황이라고 판단한다. 이것은 우리가 보고, 듣고, 만지고, 느끼고, 인식하는 것 들이 얼마나 한정적이며 실재하는 진실과 다른지 말해 주는 것이므로 우리가 인식하여 발생하는 번민과 고통과 그에 따르는 불행의 느낌은 참된 실재에서 비롯된 것이 아니라는 것을 일찍이 『반야심경(般若心經)』에서 설파했다.

이어서 마명보살(馬鳴菩薩)이 지은 『대승기신론(大乘起信論)』을 살펴보자면 다음과 같다.

問曰(문왈)

若心滅者(약심멸자)

만약 마음이 없어지는 것이라고 한다면

云何相續(운하상속)

어찌 마음(의 모습)이 계속된다고 말할 수 있으며

若相續者(약상속자)

만약 마음이 계속되는 것이라고 한다면

云何說究竟滅(운하설구경멸)

어찌하여 마음이 완전히 없어진다는 말을 할 수 있는가?

答曰(답왈)

所言滅者(소언멸자)

마음이 없어진다고 하는 것은

唯心相滅(유심상멸)

마음이 드러낸 양상(樣相, 심상)이 없어질지언정,

非心體滅(비심체멸)

마음이라고 하는 그 마음의 본체가 없어진다는 뜻은 아니다.

如風依水(여풍의수)

이것은 바람이 물을 의지하여

而有動相(이유동상)

물결이라는 움직임의 모습이 있으니,

若水滅者(약수멸자)

만약 물이 없어진다면

則風相斷絶(즉풍상단절)

곧바로 바람이라는 상(相)이 없어지는 것은

無所依止(무소의지)

바람이 의지하여 움직일 대상이 없기 때문이다.

以水不滅(이수불멸)

이와 같이 물은 없어지지 않으므로,

風相相續(풍상상속)

바람이 계속해서 나타날 수 있는 것이다.

唯風滅故(유풍멸고)

오직 바람이 없어지는 까닭에

動相隨滅(동상수멸)

그 움직임의 모습은 없어지지만

非是水滅(비시수멸)

그렇다고 해도 물이 없어지는 것은 아니다.

無明亦爾(무명역이)

어리석음의 경우도 이와 마찬가지이다.

依心體而動(의심체이동)

어리석음이 '마음의 본체'에 작용하여 그 어리석음의 움직임이 나타난다.

若心體滅(약심체멸)

만약 움직여 나타난 마음의 '본체'가 없어진다면

則衆生斷絶(즉중생단절)

즉시 중생이 없어지게 된다.

無所依止(무소의지)

그 까닭은 어리석음이 의지하여 움직일 대상이 없어지기 때문이다.

以體不滅(이체불멸)

그러나 '마음의 본체'는 없어지지 않으며

心得相續(심득상속)

그렇기 때문에 마음은 계속될 수 있다.

唯癡滅故(유치멸고)

오직 어리석음만이 없어지는 연고로,

心相隨滅(심상수멸)

움직이는 '마음의 모습(樣相)'은 없어지지만

非心智滅(비심지멸)

'마음의 본체' 즉 깨달음의 밝은 지혜(心智)는 없어지지 않는다.

우리가 생활하면서 이뤄지는 사물과 사람과의 관계 속에서 내가 인식하는 그 모든 것들의 실상(實相), 실존(實存)에 대하여 곰곰이 생각해 볼 일이다.

아래의 인용문은 이 책에서 다루는 주제와도 부합하지만, 내가 오래전부터 무의식적이다 싶을 정도로 마음속에 굳어져 가던 생각과 일치한다. 이 책을 접하고 난 후에 확실하게 동감하면서 철학적 가치관으로 강한 유대감을 느꼈다. 하여 조금이라도 많은 이들이 읽어 볼 수 있기를 바라는 마음에 여기에 일부분들을 발췌하여 소개한다.

포이어바흐
(사진 출처 : 위키백과)

인간(人間)은 대상(對象)이 없이는 그 아무것도 아니다.

인간은 대상에 있어서 자기 자신을 의식한다. 즉 대상의 의식은 자기-의식(Self-Consciousness)이다.

우리는 대상에 의해 인간을 의식한다.

대상은 인간의 노출된 본질(本質)이며 인간의 진실한 객관적 자아(自我, Ich)이다. 그리고 이 말은 정신적 대상뿐만 아니라 감성적인 대상조차도 해당된다는 것이다. 인간으로부터 멀리 떨어진 대상조차도 역시 인간에게 대상이 되기 때문에, 그리고 인간에게 대상인 이상 인간 본질의 현시(現示, offen barung)이다. 달도, 태양도, 별도, 인간에게 "너 자신을 알도록 하라"라고 말한다.

만일 자신이 무한자(無限者)를 사유한다면 그때 당신은 사유능력의 무한성(無限性)을 사유하고 또한 긍정하는 것이다. 그리고 당신이 만일 무한자를 느낀다면 그때 당신은 감정 능력의 무한성을 느끼는 것이고 또한 긍정하는 것이다. 그러므로 형이상학적, 초인간적(超人間的)인 사변철학이다.

그리고 신이라는 존재가 첫째, 종교라는 의미에 있어서는 단지 파생적인 것, 주관적인 것, 혹은 인간적인 것, 수단, 기관(Organ)의 의의를 가진다는 것이며 둘째, 진리가 말하는 의미에 있어서는 근원적인 것, 신적인 것, 본질, 대상, 그 자체의 의의를 가지고 있는 것이다.

예를 들면 감정이 종교의 본질적인 기관(機關)이라면 **신(神)의 본질은 감정의 본질이 나타난 표현 이외의 다른 것이 아니다.** 인간 사유와 성향은 신(神)의 사유나 성향과 같은 것이다. 인간의 신은 인간이 가지고 있는 만큼의 가치를 갖고 있으며 그 외의 신의 가치를 갖고 있지 않다. **신(神) 의식은 인간의 자아의식(自我意識)이며 신(神) 지식은 인간의 자아지식이다.**

인간에게 신인 것은 인간의 정신(Geist)이고, 인간의 마음(Seele)이며, 인간의 정신, 인간의 마음, 인간의 심정(Herz)은 인간의 신이다. 신은 인간의 내면이 나타난 것이며 인간 자신이 언표(言表)된 것이다.[2]

2) 루드비히 포이에르바흐, 박순경 역, 『기독교의 본질』, 종로서적, 1982년.

이 글에서 언급되는 신과 우주와 인간의식과 관련하여 『천부경』의 말씀을 살펴보자. 진위의 문제가 있긴 하지만 우리 민족의 상고 역사에서부터 전승되어 온 경전이다.

내 나름대로 해석해 본다.

일시무시일(一始無始一)

우주의 시작은 시작됨이 없이 시작되었다.

석삼극무진본(析三極無盡本)

완전수 3으로 완전히 나누어도

그 근본 이치는 다함이 없다.

천일일지일이인일삼(天一一地一二人一三)

근본의 첫 번째 시작의 1은 하늘이요,

첫 번째 시작의 2는 땅이요,

첫 번째 시작의 3은 사람이다.

일적십거무궤화삼(一積十鉅無匱化三)

하나씩 쌓아 10을 이루면 경계를 허물어 큰 틀을

시작하는 3으로 합하니 모자람이 없다.

천이삼지이삼인이삼(天二三地二三人二三)

하늘의 뜻도 양의(2, 3, 땅과 사람)가 모여 큰 3이 되며

땅의 뜻도 양의(1, 3, 하늘과 사람)가 모여 큰 3이 되며

사람의 뜻도 양의(1, 2, 하늘과 땅)가 모여 큰 3이 되며

대삼합육생칠팔구(大三合六生七八九)

완전수 3에 1, 2, 3 삼극을 더하면 6이 되고

6에 1, 2, 3을 더하면 7, 8, 9가 된다.

운삼사성환오칠(運三四成環五七)

완전수 천원(天圓) 3이 운행하여 땅의 수 지방(地方) 4를 이루고

다시 순환하여 오행과 칠정을 이룬다.

일묘연만왕만래(一妙衍萬往萬來)

우주는 참으로 묘하도다. 만물이 진리의 차원을 넘어

끝없이 가고 오는 순환(循環)함이여,

용변부동본(用變不動本)

쓰임은 끝없이 변하지만 그 근본은 변하지 않으니,

본심본태양앙명인중천지일(本心本太陽昻明人中天地一)

사람의 근본 바탕은 해와 달처럼 한없이 밝아 그 근본 바탕의

중정(中正)과 천지(天地)는 하나가 되어 우주를 이룬다.

일종무종일(一終無終一)

우주는 마치되 마침이 없는 우주로다.

모태신앙이었던 나는 목회자가 되기 위해 소망하던 신학대학원 입학을 포기하고 그 길에서 돌아섰다. 내가 성장하면서 배우고 느낀 생각들이 그 길과 부딪혔기 때문이다. 우주의 모든 것은 하나의 원인에서 출발하여 각각의 부분으로 분화(分化)하고, 세상은 모두 상위개념이 하위개념을 지배하는 수직적 위계질서를 형성하며, 원인이 되는 일자(一者)에 의해 의존적이 되는 인과적(因果的) 사유는 하나(빅뱅)에서 출발하여 부분으로 분화한다는 사실 이후의 논리가 아무리 애를 써도 나에게 납득이 되지 않아 도저히 그 길을 갈 수 없었다.

본론으로 돌아와서 양자론(量子論) 속에서 이중성(二重性)의 성질을 완성해 가는 과정은 다음과 같다.

아이작 뉴턴(Isaac Newton)은 빛이 입자로 이뤄져 있다고 주장했으나 고전적인 입자론(粒子論)은 빛의 파동적인 성질, 특히 간섭을 설명하지 못하였다. 그 후 18세기에 이중 슬릿 실험을 설명할 수 있는 토마스 영의 파동설(波動說)이 우세하게 되고 제임스 맥스웰의 고전 전자기학의 완성으로 파동설은 정설로 인정받게 된다.

아이작 뉴턴
(사진 출처 : 위키피디아)

1905년 아인슈타인은 '막스 플랑크의 양자화된 빛'이란 개념을 이용해 전자기파 광선이 광자(光子)로 되어 있으며, 광자가 가지는 에너지는 오직 진동수에 의해 결정된다는 '광전효과'를 발표하여 노벨상을 받았다. 이는 빛의 입자성을 증명하는 것이었다. 그러나 20세기 초에 와서 고전적인 파동설로 설명할 수 없는 현상이 발견되기 시작한다. 그 현상은 다음과 같다.

① **빛의 세기와 진동수에 따른 광전자(光電子) 운동에너지는** 고전역학으로는 빛의 진동수와 운동에너지 사이에는 아무런 관계가 없어야 한다. 그러나 새로이 밝혀진 바는 광전자 최대 운동에너지는 빛의 세기에 무관하며 빛의 진동수가 증가함에 따라 증가한다.

② **빛의 진동수에 따른 광전자 운동에너지는** 고전역학으로는 빛의 진동수와는 무관하게 금속판에는 에너지가 전달되므로 빛의 세기만

충분하면 진동수와 관계없이 금속판에서는 전자가 방출되어야 한다. 그러나 이후 연구 결과는 빛의 세기가 충분하여도 입사(立射)하는 빛의 진동수가 '차단 진동수' 이하일 경우 광전자가 방출되지 않았고 '차단진동수' 이상일 경우 빛의 세기와 무관하게 광전자가 방출되었다.

③ **빛의 입자나 광전자 방출 사이의 시간 간격(時間間隔)**은 고전역학에 따르면 빛이 금속판에 조사(照射)되고 난 후 전자가 복사(輻射)에너지를 흡수하여 탈출하게 되는데, 빛의 세기가 약할 경우 충분한 에너지를 얻는데 충분한 시간이 측정되어야 한다. 그러나 매우 낮은 세기의 빛에 대해서도 거의 순간적으로(10^{-9}sec) 짧은 시간에 방출됐다는 연구 결과가 발표되었다.

이후 양자역학의 발전과 양자전자기학의 도입으로 빛이 양자화되었다는 사실을 이론적으로 설명할 수 있게 되었다.

1801년 토마스 영(Thomas Young)은 광자(photon)를 대상으로 이중 슬릿 실험을 통해 파동으로써 빛의 간섭 현상을 입증했고, 1924년 프랑스의 귀족 루이 드 브로이(Louis de Broglie)는 「양자이론에 관한 연구」 논문에서 물질의 파동-입자 이중성 이론이 포함된 물질파 가설(matter wave)을 발표했다.

1927년 클린턴 데이비슨과 레스터 거머의 데이비슨-거머 실험(Davisson-Germer experiment)은 전자를 이용한 이중 슬릿 실험으로 드 브로이 가설을 증명하며 **전자(電子)**의 이중성(二重性)을 증명했다.

이후 1999년 오스트리아 안톤 차일링거(Anton Zeilinger)가 '슈뢰딩거의 고양이의 역설' 사고실험을 했다. 이는 탄소**원자 60개**가 모여 있는 풀러렌(c60) 분자를 이용해 섭씨 650도의 상태를 만들어 진행한 이중 슬릿 실험이었고, 진공상태 이후 역시 간섭무늬가 생성되었다.(풀러렌 : 1nm(10억 분의 1m)의 분자의 크기가 고양이만큼이나 큰 거대분자)

이어서 2013년 오스트리아 빈 대학의 산드라 아이벤베르거 교수가 **810개**의 입자로 이뤄진 고**분자**화합물(高分子化合物)로 이중 슬릿 실험을 하였다.

그 후 2019년 9월 오스트리아 빈 대학의 물리학자 야아코프 파인(Yaakov Fein) 교수팀은 **2,000개의** 입자로 이뤄져 수소 원자의 2만 5천 배 질량에 달하는 고**분자**화합물로 이중 슬릿 실험을 진행하였고 간섭무늬의 발생을 확인하였다. 즉 관측하기 전의 양자는 모든 것을 할 수 있는 이중성을 지닌다는 결론을 얻은 것이다.

결국 이러한 실험으로 **미시세계(微視世界)뿐만 아니라 거시세계(巨視世界)에서도 파동성(波動性)이 증명**되었다.

그렇다면 먼 미래에 인간만큼 큼지막한 동물을 통한 실험에서 파동성이 증명되는 날이 오지 않을까 하는 상상을 해 본다.

제4절. 양자도약(量子跳躍, Quantum Jump, Atomic Eletron Transition) – 막스 플랑크(Max Planck)

막스 플랑크
(사진 출처 : 위키피디아)

양자도약은 양자의 에너지가 불연속적(不連續的)으로 흡수 또는 방출되는 현상이다. 이때 전자는 정해진 궤도에만 머무르며 궤도와 궤도(軌道) 사이에 전자는 존재할 수 없다는 이론이 밝혀졌다. 실제 원자의 에너지는 연속적으로 거동(擧動)하지 않았고 전자의 거동 역시 불연속적이었다. 이는 미시적(微視的)인 자연세계에서 에너지가 불연속적으로 분포하고 거동한다는 것을 뜻하고 이러한 전자가 원자핵 중심으로 여러 층의 띠를 구성하게 된다.

전자가 띠(궤도)를 건너뛸 때 그 궤적(軌跡)이 이동하는 경로 없이 공명(共鳴)에 의해 삽시간에 변화된다.

베르너 하이젠베르크는 다음과 같이 말한다.

"당신들이 전자를 알아?"

"왜? 궤적(軌跡)을 그려야 하는가?"

"미시세계(微視世界)에 거시세계(巨視世界)를 갖다 붙이지 마라."

양자(量子) 흡수의 예는 다음과 같다.

① 『주역(周易)』의 지뢰복(地雷復) ䷗괘에서 천풍구(天風姤) ䷫괘로, 산지박(山地剝) ䷖괘에서 지뢰복(地雷復) ䷗괘로, 화지진(火地晉) ䷢괘에서 천수송(天水訟) ䷅괘 등으로의 변화와, 64괘(卦) 384효(爻)의 변화인 동효(動爻), 변효(變爻)의 움직임은 1에서 2로 2에서 3으로 순차적으로 움직이는 것이 아니라 음과 양, 있음과 없음 등 양의(兩儀)개념을 오가며 불연속적(不連續的)으로 변하는 것을 보여 준다.

② 반짝반짝, 깜빡깜빡하는 빛. OLED 기술.

③ Critical Point(끓는점) : 물이 끓는 온도. 즉, 액체가 기체로 물리적 변화가 일어나는 온도는 1기압일 경우 섭씨 100도이다.

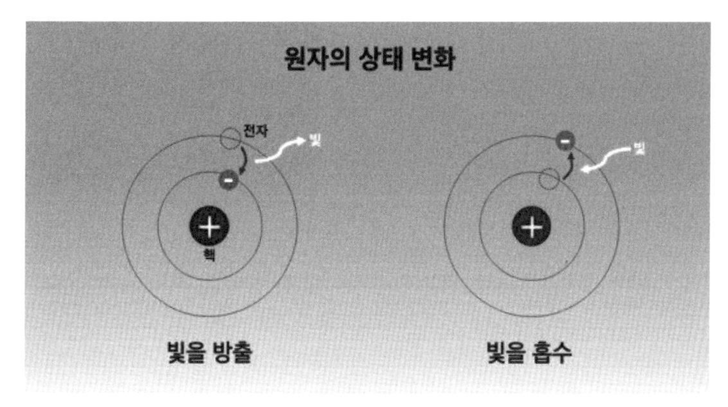

양자도약
(사진 출처 : 알아두면 쓸모 있는 양자역학 이야기)

고체가 액체로 변하는 녹는점도 0℃로 이와 마찬가지다. 여기서 말하고자 하는 것은 어떤 물질이 어느 변곡점, 어느 지점에서는 완벽하게 한 번에 변화한다는 것이다.

④ 정상상태(正常狀態)에서 전자가 궤도를 올라가면서 에너지를 잃고(방출) 빛을 낸다. 그 상태를 'on'이라 하고 에너지를 얻으면서(흡수) 궤도를 내려간 상태를 'off'라 한다.

찰스 다윈
(사진 출처 : 위키피디아)

이러한 양자도약의 원리를 생물학적으로 들여다보기 위해 찰스 다윈(Charles Darwin)의 말을 빌리자면 "자연의 세계에서는 진화를 위한 어떤 **원인(原因)**이 되는 것은 없으며, 진화가 **가능**하도록 할 뿐"이다. 이것은 미묘하지만 결정적인 차이다. 이후 생물학자들의 연구를 통해서 **'원인'**이 아니라 **'가능하게 함'**이 있다는 것은 진화에서 생태적 지위창조(生態的地位創造)는 가능하게 함이지, 원인이 아니라는 것을 밝혀내고 있다.

이것을 다른 말로 자세히 설명하자면 **생태계의 돌연변이는 그 자체로 무작위적인 양자적(quantum) 사건인 양자도약**이라고 할 수 있다는 것이다. 이와 같이 우리가 여러 방면에서 흔히 사용하는 창조라는 말의 개념을 다시 생각해 볼 필요가 있다.

한 걸음 더 나아가 현재 양자생물학 영역에서 다음과 같은 주장이 제시되고 있다.

그동안의 양자 실험은 양자가 주변 환경과 빠르게 상호작용해 양자역학적인 특성을 쉽게 잃어버릴 수 있기 때문에 절대온도 -273.15℃에 가까운 진공상태에서만 이루어져 왔다. 하지만 물리학자 짐 알 칼릴리(Jim AI-Khalili)와 유전학자 존 조 맥패든(John Joe McFadden)은 『생명, 경계에 서다』에서 유기체가 살 수 있는 정도의 더운 환경조건에서도 양자 파동(量子波動)이 와해되지 않고 이뤄지고 있음을 확인하였다. 그 결과 **'결맞음'**과 **'양자 중첩성'**이 광합성에도 기여한다고 여겨졌고, 입자가 장벽을 통과하듯 지나는 능력인 '터널효과' 덕분에 효소(酵素)는 분자의 한 부분에서 다른 부분으로 전자나 양성자(陽性子)를 옮길 수 있다고 하였다. 한편, **얽힘**은 자기수용감각(magnetoreception) 즉, 유기체가 자기장을 감지하고 거기에 맞추어 방향을 잡는 능력과 관련이 있다고 하였다.

위와 관련된 사항을 동양의 이론 중에서, 주자(朱子)가 지었다는 설과 정자(程子)가 지었다고 하는 설이 있는 『주역』「역서(易序)」의 일부를 살펴보자.

易者陰陽之道也(역자 음양지도야)

역이라 함은 음양의 도요,

卦者陰陽之物者也(괘자 음양지물자야)

괘의 모습은 음양의 물질이고

爻者陰陽之動也(효자 음양지동야)

효의 변화는 음양이 움직임이다.

卦雖不同(괘수부동)

괘는 비록 같지 않다 하더라도

所同者奇偶(소동자기우)

같은 것은 홀수인 양괘와 짝수인 음괘이니

爻雖不同(효수부동)

효는 비록 같지 않다 하더라도

所同者九六(소동자 구육)

같은 것은 양효 9와 음효 6이다.

是以(시이)

이로써

六十四卦爲其體(육십사괘 위기체)

64괘는 그 몸체가 되고

三百八十四爻互爲其用(384효호위기용)

384효는 서로 그 쓰임이 되어

遠在六合之外(원재육합지외)

멀리는 우주의 밖에 있고,

近在一身之中(근재일신지중)

가까이는 자신의 한 몸에 있어

暫於瞬息(잠어순식)

잠시인 찰나의 한순간에도

微於動靜(미어동정)

지극히 미세한 움직임에도

莫不有卦之象焉(막부유괘지상언)

어느 곳에도 괘의 상이 있지 않음이 없으며,

莫不有爻之義焉(막부유효지의언)

효의 뜻이 있지 않음이 없다.

至哉易乎(지재역호)

지극하도다, 역이여!

其道至大而无不包(기도지대이무불포)

도는 지극히 커서 포용하지 않은 것이 없고

其用至神而无不存(기용지신이무부존)

그 쓰임이 지극히 신묘하여 존재하지 않은 것이 없다.

時固未始有一(시고 미시유일)

때는 진실로 처음부터 하나로부터 있지 않고,

而卦未始有定(이괘 미시유정)

괘는 처음부터 정해진 상으로부터 있지 않으며,

事故未始有窮(사고 미시유궁)

일은 처음부터 궁극에 이르러 시작하는 것이 아니니,

而爻亦未始有定位(이효역 미시유정위)

효 역시 그 시작은 애초에 정해진 위치가 없다.

『주역』의 「역서(易序)」에서 보다시피 모든 괘(卦)의 가장 기본 구성인자인 효(爻)의 움직임 등의 변화에 있어서 **양자도약의 이치를 밝혀 놓았다는 것**이 놀라울 뿐이다. 원자의 세계에서 전자의 궤도는, 원자핵과 전자와의 거리가 태양과 지구의 거리만큼이나 크고 멀다고 할 수 있겠다. 그러한 궤도의 크기에 비례해 범위는 거의 무한대의 영역에 펼쳐져 있다.

원자의 세계가 아닌 우리 실제 우주의 모습을 보면 역시 무한대의 영역이라 할 수 있다. 이 우주에는 1700억 개의 은하가 존재하고, 그중 하나인 우리은하에 있는 별의 개수는 태양 말고도 4000억 개가 있으며 우리은하와 가까운 안드로메다은하는 우리은하보다 2.5배 정도 크다고 하며 가장 큰 은하는 ic.1101은하로 이 은하에는 100조 개의 별이 있는 것으로 추정된다 한다.

『주역』 괘를 뽑아 살펴볼 때 이 무한대의 영역에서 양자도약의 원리로 전자의 궤도가 변화하듯이 삶과 죽음, 하늘과 땅, 천국과 지옥, 이승과 저승, 집 앞과 먼 외국으로 변하며, 오늘과 내일, 덜해짐과 더해짐이, 나아감과 돌아옴이, 기쁨과 슬픔이 변하는 것이 풀어져 있으며 이와 같은 만왕만래(萬往萬來)의 오묘하고 신비로운 그 변화의 영역과 크기를 알 수 없다.

예(例)를 살펴보자.

미(未)월 정해(丁亥)일에 손님이 방문하여 "저희 딸이 미국 유학을 준비하고 있는데 여러 가지 문제가 자꾸 발생하여 갈 수 있을지 염려가 됩니다. 갈 수 있을까요?" 하고 물었다. 작괘 하니 수화기제(水火旣濟) 괘가 이루어지고, 6효(爻)가 동(動)하여 풍화가인(風火家人) 괘로 변하였다.

역에 이르기를 기제(旣濟)는 형(亨)이라 "통한다" 하였다. 초효(初爻) 묘(卯) 자손이 초구(初九)에 주작(朱雀)이 임하여 소식을 기다리고 있어 움직임이 없으나, 정해(丁亥)일에 해의 수(水) 기운의 생조(生助)함과 합(合)을 이루고 있어 소식은 있을 것이요, 6효(六爻) 자(子) 형제가 상륙(上六)에 청룡(青龍)과 함께하며 묘(卯) 손(孫)으로 동(動)하였으니 처음에는 어려움이 있겠으나 지인의 도움으로 유학하게 될 것이라고 하였는바, 묘(卯) 자손과 충(沖)하는 유(酉)음력 8월에 가게 되었다.

초효에 있는 묘(卯)는 여기서 이야기하는 양자도약의 경우처럼 궤도의 가장 낮은 위치에서 갑자기 움직여 가장 높은 궤도로 순식간에 이동한 것이니 적절한 비유가 아니겠나 싶다.

제5절. 불확정성의 원리(不確定性原理, Uncertainty Principle) – 베르너 하이젠베르크(Werner Karl Heisenberg)

양자역학에서 맞바꿈 관측량(觀測量)이 아닌 두 개의 관측 가능량(觀測可能量)을 동시에 관측할 때 둘 사이의 정확도에는 물리적 한계가 있다는 원리이다.

베르너 하이젠베르크
(사진 출처 : 위키피디아)

관찰 대상 입자는 위치와 운동량을 가지고 있다. -이 위치와 운동량을 실재하는 '양자역학적 상태'라고 하자- 그 값들이 얼마인지 알려고 한다면 측정을 해야 한다. 그런데 측정 장치가 지닌 어떤 '불가피한 이유' 때문에 그중 하나를 측정하려 하면 다른 한쪽의 값을 정확히 재기가 어렵다는 것이다.

이와 같이 하이젠베르크의 불확정성의 원리는 위치와 운동량에 대한 원리이며 입자의 위치와 운동량을 동시에 정확히 측정할 수 없다는 것이다. 위치가 정확히 측정될수록 운동량의 퍼짐(불확정도, 不確定度)은 커지게 되고, 반대로 운동량이 정확하게 측정될수록 입자 위치의 부정확도(不正確度)가 커지게 된다는 원리이다.

쉽게 말해 가시광선으로는 전자가 안 보이기 때문에 전자를 측정하기 위해선 X선, 감마선 등을 쏘여야 한다. 그러나 이러한 힘이 센 빛이 그 입자의 질량(質量)을 건드리는 순간 전자가 빛 즉, 광자(光子)의 간섭에 의해 튕겨 나가게 되므로 동시 측정이 어려운 것이다. 이 말은 위치와 운동량은 동시에 온전하게 측정될 수 없으며 두 측정값의 오차는 측정값보다 줄어들 수 없다는 것을 뜻한다.

양자역학에서 미시세계(微視世界)의 물질은 한 '점'이 아니라 넓은 영역에 걸쳐서 확률적으로 존재하며, 양자역학은 입자가 처한 물리적 상태 등에 따라서 해당 입자가 특정한 위치에서 발견될 확률과 특정한 운동량을 가질 확률 등이 다르게 계산된다는 것으로 **확률론적(確率論的) 결정론(決定論)**이라 하기도 한다.

고전적인 결정론은 하나의 사건이 하나의 결과만을 낳는 선형적인 인과관계만을 인정하는 것이며, 확률론적 결정론은 하나의 사건이 여러 가지 가능한 결과를 가질 수 있는 인과관계를 받아들이는 것이다. 여기서 양자 컴퓨터의 탄생을 가져온 기초 논리 중 하나가 제공된 것이라 본다.

이것을 불가(佛家)에서는 탐(貪), 진(瞋), 치(癡) 삼독(三毒)에 매몰되어 좀비나 노예처럼 살 때는 그 물리량을 잊고 살게 된다고 했다. 하지만 나를 내려놓고 관조(觀照)할 때 텅 비고 고요한 나(無我)로 돌아와 나의 본 모습이 보인다 하였다.

성철 스님께서 1967년 해인사(海印寺) 해인총림(海印叢林)의 방장(方丈)으로 추대된 후 동안거(冬安居) 100일 동안 설하신 법문을 엮어 법어집『백일법문(百日法門)』1, 2권을 펴냈다. 그 책에서 하신 말씀에 따르면 참선(參禪)을 통해 제1식 경계에서 시작하여 제8식 아뢰야 숙면일여 미세유주 무기식이 없어진, 쌍차쌍조(雙遮雙照) 상태가 되어 중도(中道)의 대적광(大寂光) 세계인 대원경지(大圓鏡智)에 도달하게 된다. 이렇게 상적상조(常寂常照)의 경계를 성취하여 즉자(即自)를 찾는 수행이 진정한 깨달음을 이루는 것이라 하였다. 이것을 상적상조의 경계인 진공상태(眞空狀態)에서만 입자 측정이 가능한 것과 같다고 할 수 있겠다.

여기서 과학적으로 진공상태란, 지구 대기에서 1cm 즉 주사위만 한 공간에 존재하는 입자 수 2.4×10^{19}개의 입자가 펴져 있는데, 우주에서는 그 같은 입자가 254만 광년쯤 떨어진 우리은하와 안드로메다은하 사이의 먼 거리 안에 펴져 있는 것이다. 이 수치는 우주가 진정한 진공상태라고 할 수 없지만, 진공상태라고 할 만하다는 것이다.

더하여 왕필(王弼)의 저작인『주역약례(周易略例)』중 **「명효통변(明爻通變)」**을 살펴보자.

是故(시고)

그러므로 효(爻)란

範圍天地之化而不過(범위천지지화이불과)

하늘과 땅의 모든 변화를 품어 에워싸면서도 넘침이 없고,

曲成萬物而不遺(곡성만물이불유)

굽이굽이 구석구석 온갖 사물을 다 이루면서도 흘려버림이 없다.

通乎晝夜之道而无體(통호주야지도이무체)

낮과 밤의 이치에 통하면서 자기 자신은 음양의 어떤 모습도 드러내지 않으며,

一陰一陽而無窮(일음일양이무궁)

때에 따라 한번 음이 되고 한번 양이 되고 하면서 자기 자신은 끝이 없으므로

非天下之至變(비천하지지변)

하늘아래 지극한 변화가 아니라면

其孰能與於此哉!(기숙능여어차재)

과연 무엇이 이러한 도를 나타낼 수 있으리오.

是故卦而存時(시고괘이존시)

그러므로 괘로써 시간의 흐름을 보여 주고,

爻而示變(효이시변)

효로써 변화하는 이치를 나타낸다 하였다.

도올 김용옥 선생께선 저작 『노자철학 이것이다』에서 "'한 번 음(陰)이 되었다, 한 번 양(陽)이 되었다 하는 것 그것을 도(道)'라고 일컫는다."라는 「계사(繫辭)」의 말에 다음과 같은 주(註)를 달고 있다.

道者何(도자하)

도(道)는 무엇인가?

无之稱也(무지칭야)

무(無)의 일컬음이다.

无不通也(무불통야)

통하지 않음이 없고,

无不由也(무불유야)

말미암지 않음이 없다.

況之曰道(황지왈도)

하물며 그것을 도라고 말할 때는

寂然无體(적연무체)

그 도는 고요하며 본체를 가지지 아니하고

不可爲象(불가위상)

형상화될 수 없다.

必有之用極(필유지용극)

반드시 있음의 작용이 다한 때에야

而無之功顯(이무지공현)

없음의 공능이 들어나게 된다.

故至乎神无方而易无體(고지호신무방이역무체)

그러므로 "우주의 공능은 공간성이 없으며 우주의 변화는 실체성이 없다"고 말하는 경지에서나

而道可見矣(이도가현의)

도가 드러나는 것이다.

김용옥 선생은 이에 더하여 다음과 같은 의견을 말한다.

여기서 우리는 현대물리학(quantum field theory, 양자장론)에서 말하는 "진공(vacuum, 眞空)"의 개념을 연상하게 된다.[3]

이 불확정성의 원리를 현실 생활에 대입해서 설명해 보면, 우리는 지난 역사에서 청빈(淸貧)이라는 단어를 많이 들어 보았다. 황희 정승(政丞) 등 고매한 선비나 벼슬아치를 예로 들면서 말이다. 벼슬은 현재의 국가 권력을 사용해서 일반 백성들의 사생활에 개입하여 법을 우선으로 집행할 수 있는 사람, 나라의 정책 관련 정보를 생산하고 또 쉽게 접근할 수 있는 사람이다. 모두가 명예롭게 생각하며 부러워하는 자리이기 때문에 부여받은 권력을 공적인 일을 할 때만 사용해야 한다. 고사(故事) 중에는 한 나라의 공적인 일을 하는 벼슬아치 개인의 사사로운 처신 문제를 다룬 것들이 많다. 여기서 사적인 경우는 무엇이겠는가?

개인 간의 가장 첨예하게 부딪히는 문제는 아마도 재물 문제일 것이다. 그렇기에 명예와 재물은 함께할 수 없음의 이유는 분명해진다. 그래서 예로부터 공직자에게 제일 먼저 청빈을 요구했을 것이고 지금도 역시 당연하다 여긴다. 그래서 민주사회인 현대에 들어서서 고위 공직자 재산신고(財產申告)라는 제도를 두지 않았겠는가? 우리는 이러한 제도를 통해서 높은 곳에서 나랏일을 하고자 하는 이들에게 재산 획득 과정의 옳고 그름을 따지며 흔히 말하는 도덕적 잣대를 들이댄다. 왜 그리하겠는가?

예를 들어 기본적인 의식주 해결을 넘어서서 과도한 재물 축적을 위한 욕망이 에너지라고 보았을 때 **입자(粒子)의 위치를 측정하는 영역**을 국민

---

3) 김용옥, 『노자철학 이것이다』, 통나무, 1998년.

으로부터 권력을 위임받아 헌법으로부터 부여받은 재산권과 신체의 자유 등을 구속할 수 있는 법을 집행하고, 공공의 이익을 위해 일하는 자라고 할 수 있다. 그들은 위와 같은 일을 하는 전제로 나랏돈으로 마땅한 근로의 대가를 받으며 나랏일을 하는 명예스러운 벼슬아치, 공직자이다.

그리고 **입자의 운동량(運動量)을 측정하는 영역은** 최소비용의 최소투자로 최대이익을 얻기 위해 모든 것을 동원하여 경쟁하는 과정을 마다하지 않는 자로 본다.

욕망, 즉 에너지가 많을 경우 그 과정에선 법을 넘어서는 위법적인 방법을 사용하기도 하며 공적인 사유보다 사적인 사유가 더 우선시되므로 **불확정성의 원리**로 놓고 볼 때 이 둘은 함께할 수 없음이 분명하다.

이래서 예로부터 공직자에게 청빈을 강조했나 보다. 너무도 당연히 그러함에도 명예와 재물 두 가지를 다 취하려고 애쓰는 모습들을 공직 희망자들과 공직자들을 매스컴을 통하여 보게 될 때 참으로 안타까움을 표현할 길 없다.

그럼 한 개인에게는 이 불확정성의 원리는 어떠한가?

유교 중심의 조선시대에는 세계에 자랑할 만한 성리학(性理學)이 꽃을 피웠다. 성리학은 우주 자연의 구조와 인간 심성(心性)의 구조가 동일하다고 보았으며 그 구조를 본연지성과 기질지성으로 나누었다. 본연지성과 기질지성에 대한 성리학의 설명을 살펴보자.

첫째, 보통 하늘을 닮은 인간이 본래부터 갖게 되는 본성, 본연지성(本然之性)이요 선한 본성인 이성(理性)이라 보았다. 여기에는 모든 존재를 존재하게 하는 형이상학적 자연법칙, 즉 그렇게 된 까닭의 **소이연(所以**

然)이라 하는 '존재(存在)의 이(理)'가 있으며, 인간이 마땅히 그렇게 해야 하는 자연적, 윤리적 도덕법칙, 즉 마땅히 해야 하는 **소당연(所當然)의 '당위(當爲)의 이(理)'**가 있다.

둘째, 성리학에서는 우주의 모든 존재하는 것들의 구성요소와 에너지를 기(氣)로 표현했는데, 기는 기질지성(氣質之性)으로 현상적 본성(現象的本性)으로 분류하였다. 그리고 인간의 본성이 외부 물질인 기와 반응을 하여 나타나는 것은 감성(感性)이라고 보았다.

이를 퇴계(退溪)와 고봉(高峰)의 이른바 사단칠정 이기논쟁의 의견을 통해 살펴보면 아래와 같다.

퇴계 이황
(사진 출처 : 위키피디아)

퇴계는 '이지발(理之發)이라 이(理)가 발하는 것이 사단이요, 정념(正念)의 사단으로 선한 것이요. 기지발(氣之發)이라 기가 발하는 것은 칠정으로 선과 악이 함께하는 것'이라고 하였다. 또한 이가 발하매 기가 따라오는 것(理發氣乘)으로 이와 기가 각기 그 근원을 달리하는 이기이원론을 생각했다.

고봉은 '사단은 이에서 발하기에 불선(不善)함이 없고 칠정은 기에서 발하여 선악이 있다고 한다면 이는 이와 기가 확실히 둘이 되는 것이며 칠정은 성(誠)에서 나오지 않고 사단은 기에서 승(乘)하지 않는 것이 되니 이발기승(理發氣乘)이 될 수 없다'고 하였다. 그러므로 사단과 칠정을 이기로 나눌 수 없으며 이 모두는 '정(情)' 하나로 이루어졌고 그중에서 선한 것이 사단이며 마음이 생기지 않은 상태인 미발심(未發心)을 성(性)이요, 이(理)라 했고, 마음이 움직인 상태인 이발심(已發心)을 기(氣)이고 정(情)이라 했다. 이와 같이 고봉은 기일원론에 기반한 이기일원론의 이기공발설(理氣共發說)을 생각했다.

이후 율곡 이이(李珥)는 운동성이 없는 이발(理發)을 부정하고 기의 운동성을 부여하여 기발이승일도설(一途說)의 기발(氣發)만을 주장했다.

이렇듯 인간에게는 이(理)의 이성(理性)과 기(氣)의 감성(感性)으로 나타나는 사단칠정(事端七情)이 있어 인간에게서 갖가지로 일어나는 마음을 나누고 마음의 움직임을 들여다보는 것으로, 인간의 기본적인 심성(心性)을 깊이 연구하였던 우리나라의 성리학 분야가 세계적으로 독보적인 연구 성과를 냈다.

기일원론(氣一元論)의 기발이승(氣發理乘)의 기호학파와 이기이원론(理氣二元論)의 이발기승(理發氣乘)의 영남학파 그리고 이기호발(理氣互發) 등으로 나뉘며 많은 국가적 폐단도 일으켰지만 말이다.

이와 같이 살펴본 그 기를 현대적으로 풀어 보면 우주는 물질로, 물질은 분자로, 분자는 원자 결합으로, 원자는 핵과 전자로, 핵은 중성자와 양성자로, 중성자는 쿼크(quark)로, 쿼크는 또 다른 미세 물질로 구성되어 있는 것이다.

이렇게 갖가지로 일어나는 인간의 마음을 이야기함에 있어서 항상 먼저 떠올리는 것은 욕(欲)으로 표현되는 욕심이 아닌가 한다.

먼저 욕심은 내 마음에서 일어나지만 일어나기 전에 대상을 통해 인식되거나 학습된 그 무엇과의 비교를 통해 일어나는 것이라 생각한다. 그렇다면 이 또한 '입자의 위치를 측정하는 영역'을 원래 타고난 본성(本性)인 이(理)라고 하고, '입자의 운동량을 측정하는 영역'을 대상을 통해 인식되거나 학습되어 생기는 어떠한 기준으로 비교하는 마음인 기(氣)라고 할 때 우리의 마음을 들여다보기가 수월해진다.

우리는 이제 **불확정성의 원리**에서 **위치**(본성, 명예, 이성)와 **운동량**(욕구, 재물, 감성) 이 두 가지를 모두 완벽하게 충족할 수 없음을 알았다.

그렇다면 인간에게 일어나는 본성의 마음과 대상을 통해 일어나는 욕심의 불균형 상태로 인해 오게 되는 칠정(七情) 혹은 불행의 마음을 다스릴 수 있지 않겠는가?

이젠 선택의 문제만 남았다.

첫 번째는 너무나 어려운 일이지만 본성을 유지하고, 물질과 반응하여 나타나는 그 마음을 갈고 닦아 대상에 흔들림 없는 마음을 갖는 것이다. 찰나에 깨달아 부처가 되어 더는 수행할 것이 없다는 돈오돈수(頓悟頓修)를 하든 자신의 본성이 부처와 다름이 없음을 깨달았다 해도 무시습기(無始習氣)를 갑자기 버리기 어려우므로 수행을 계속해야 한다는 돈오점수(頓悟漸修)를 하여 나조차도 넘어서는 중도의 상태를 이루어 마음의 평화로운 마음과 행복을 유지하는 방법이다. 두 번째는 일상생활 속에서 대상을 통해서 비교하거나 내가 소구(所求)하는 욕구와 현실 속의 나를 비교하는 행위 자체의 무의미함을 알아차리는 것이다. 요컨대, 내 마음의 조절을 통해 삶에서의 평화와 행복을 충분히 누릴 수 있다고 생각한다.

제6절. 확률밀도(確率密度): 비결정론적(非決定論的) 세계관(世界觀) - 막스 보른(Max Born)

막스 보른
(사진 출처 : 위키백과)

양자역학의 최종 수학적 결과물은 파동방정식이다. 이때 등장하는 파동함수를 다루는 방법에 있어서 그 본질은 같지만 다른 두 가지 묘사 방법이 있다. 행렬역학을 도입하여 파동함수 대신 양자상태(Quantum state)는 시간에 대해 불변이며 연산자가 시간에 따라 변한다는 하이젠베르크 묘사와, 연산자는 시간과 무관하며 상태벡터[4]가 변한다는 슈뢰딩거 묘사의 두 가지 묘사 방법 중에서 슈뢰딩거의 파동방정식(波動方程式)에 등장하는 파동함수(波動函數) Ψ(프사이)를 실체적 물질의 밀도파동(密度波動)을 기술하는 함수

4) 양자역학에서 입자의 역학적인 상태를 나타내는 힐베르트 공간의 벡터를 말한다. 이는 위치나 운동량 등의 물리량을 이 벡터에 작용하는 연산자로 나타낸다. 상태벡터는 헤밀토니안으로 불리는 에너지 연산자의 작용에 의하여 시간적으로 변화한다. 파동함수는 상태벡터의 한 표시이다. 위키백과.

가 아니라 그 물질이 존재할 확률(確率)을 주는 파동함수(波動函數)로 보는 해석체계로 닐스 보어, 하이젠베르크, 파울리 등에서 볼 수 있다.

전자의 밀도는 균일하지 않다는 이론으로 상기한 상보성의 원리와, 이중성의 실험, 불확정성의 원리에서처럼 이중 슬릿에서 어느 슬릿으로 전자가 통과했는지 확인하는 순간 다른 구멍으로는 전자가 통과하지 않았기 때문에 앞서의 슬릿으로만 통과할 때와 같은 현상이 나타나는 것이라 이해할 수 있다. 그러나 하나씩의 개체로만 통과하는 전자가 어떻게 구멍이 하나일 때와, 둘일 때를 알아서 서로 다른 패턴을 보이는 것은 **물질파가 물질의 존재확률을 기술하는 파동이라고 다룰 때 나타나는 귀결(歸結)이다**.

예를 들어 수소 원자에서 전자의 위치를 나타낼 때 전자의 위치는 핵(核)의 중심에서 무한대에 이르는 거리 사이에 존재할 수 있다. 따라서 전자의 위치는 어떤 특정한 시간의 특정위치와 같지 않을 수 있다. 따라서 물리학자들은 전자의 가능한 위치를 계산할 때 슈뢰딩거의 파동방정식에 의한 파동함수 Ψ(프사이)를 한 번 더 곱한 **확률밀도함수(確率密度函數) 프사이 크기의 제곱($|\Psi|^2$)**을 사용한다.

이 확률밀도함수는 주어진 시간에 단위 부피에서 파동함수가 나타날 수 있는 확률을 알려 준다. 다시 말해 어떤 반지름에서 전자를 발견할 확률이 0.3이라면 그곳에서 전자를 찾을 **확률이 30%임을 의미하는 것**으로 예컨대, 이중 슬릿에 전자를 쏘았을 때 그리고, 전자를 파동으로 보아 파동함수(波動函數)로 기술한다 하자.

그때 그 두 구멍으로 전자가 통과할 시점에 이중 슬릿에서 산출되는 파동함수의 절대값의 제곱이 바로 '전자가 그때 각각의 구멍에서 존재할 확률'이다.

만약, 결과가 30%, 70%라면 전자의 30%, 70%가 두 곳으로 나뉘어 존재하는 것이 아니라, 온전한 전자가 그곳에 **존재할 확률이 각각 30%, 70%라는 것**이다

확률밀도를 쉽게 설명하자면 측정을 하여 전자의 존재를 확인하면 항상 온전한 전자이다. 이는 한 구멍에서 전자가 존재하면 다른 구멍에는 존재하지 않음을 뜻하며 **슈뢰딩거 방정식**은 원자에 있는 전자가 어느 순간에 어디서 발견될 것인지를 알려 주는 것이 아니라, **그곳에서 전자가 발견될 가능성을 알려주는 것**으로, 결론적으로 우리 몸은 원자로 구성되어 있기 때문에 원자의 속성이 있다고 말할 수 있으며, 이것은 **그때그때 다르다**는 걸 의미한다.

『장자(莊子)』「외편(外篇)」제17「추수(秋水)」편을 보자.

河伯曰(하백왈)

황하의 신 하백이 말했다.

然則五大天地而小毫末, 可乎?(연즉오대천지이소호말, 가호)

"그렇다면 내가 천지는 크다고 하고 털끝은 작다고 하면 되겠습니까?"

北海若曰(북해약왈)

북해의 신 약이 말했다.

否, 夫物(부, 부물) 量无窮(량무궁)

"아니다. 대저 만물은 각기 그 양이 한없이 다르며,

時无止(시무지) 分无常(분무상)

시간은 끝이 없으며 부여(賦與)받은 명이 일정(一定)하지 않으며,

終始无故(종시무고)

처음과 끝이 얽매이는 일이 없다.

是故大知觀於遠近(시고대지관어원근)

때문에 크게 지혜로운 사람은 먼 곳과 가까운 곳을 두루 보기 때문에

故小而不寡(고이소불과)

작아도 하찮게 여기지 않고

大而不多(대이부다)

커도 많다고 여기지 않으니,

知量无窮(지량무궁)

이것은 만물의 크기가 무궁하게 다름을 알기 때문이다.

證曏今故(증향금고)

고금의 일을 밝혀 증거를 구하나니

故遙而不悶(고요이불민)

때문에 나와 아득하게 멀어도 번민하지 않고

掇而不跂(철이불기)

가깝다 하여 부질없이 애써 바라지 않는데,

知時无止(지시무지)

시간이란 멈춤이 없음을 알기 때문이다.

察乎盈虛(찰호영허)

각각의 몫이 찼다가 비었다가 하는 이치를 알아

故得而不喜, 失而不憂(고득이불희, 실이불우)

얻어도 기뻐하지 않으며 잃어도 근심하지 않으니,

知分之无常也(지분지무상야)

운명이 일정하지 않다는 것을 알기 때문이다.

明乎坦塗(명호탄도)

대도(大道)를 환히 앎으로

故生而不說, 死而不禍(고생이부열, 사이불화)

태어나도 기뻐하지 않으며 죽어도 재앙으로 여기지 않으니,

知終始之不可故也(지종시지불가고야)

처음과 끝이 서로 매어 있지 않다는 것을 알기 때문이다.

計人之小知(계인지소지)

사람들이 안다 하는 것을 헤아려 보면

不若其所不知(불약기소부지)

그 모르는 것의 양에 도저히 미치지 못함을 알고

其生之時(기생지시)

사람이 살아 있는 시간이

不若未生之時(불약미생지시)

태어나기 이전의 시간에 턱없이 비길 수 없음을 안다.

以生至小(이생지소)

이와 같이 지극히 작은 것(나)으로

求窮其至大之域(구궁기지대지역)

지극히 큰 영역(하늘)을 설명하고자 하므로

是故迷亂而(시고미란이)

알 수 없고 혼란스러워져서

不能自得也(불능자득야)

스스로 그 뜻을 얻지 못하고 만족하지 못하는 것이다.

由此觀之(유차관지)

이와 같이 미루어 생각해 볼 때

又何以知毫末之足以定至細之倪(우하이지호말지족이정지세지예)

어찌 털끝이 지극히 미세한 것이라고 단정해서 알 수 있으며,

又何以知天地之足以窮至大之域(우하이지천지지족이궁지대지역)

또한 어찌 천지가 지극히 큰 것 중의 큰 것이라 할 수 있겠는가."

이 원리를 구약성서에서 찾아보자면 잠언에 "사람의 마음으로 계획을 해도 여호와의 인도하심으로 정해진다"라는 의미를 가진 말씀이 있으며, 우리가 나와 관계를 맺은 대상에게 흔히 "당연히 이래야 한다."라고 말하지만 사실은 각기 인간마다 그때마다의 생각과 환경이 있다. 이와 같은 맥락에서 동학(東學)에서는 "사람은 모두 다 그 안에 하느님을 모시고 있다. 그래서 하늘처럼 귀한 존재다."라는 '시천주(侍天主)' 사상을 설파했다. 서양에서는 17~18세기 존 로크나 장 자크 루소, 홉스 등 계몽주의(啓蒙主義) 사상가들이 사람은 태어나면서부터 하늘로부터 받은 자유롭고 평등하며 행복할 권리를 지닌다는 '천부인권론(天賦人權論)'을 주장했고, 이어서 프랑스혁명과 미국독립선언서의 기초사상으로 전개되었다.

물론 서양의 예는 실제로는 유일신 개념을 믿고 공유하는 사람들과 인종에게만 인정되는 인권이요, 인간의 존엄성이었다. 동양에서는 전제적인 왕이 유일신의 자리를 차지하고 있으나 그는 유일신과는 달리 민심이

우선한다는 전제하의 어느 정도 가변적 존재였다. 또한 동양에서의 인간 존엄은 궁극적으로는 특정하지 않은 보편적 개념의 하늘이라는 대상에서 촉발하고 발전한 개념이었다.

우리는 누가 나의 이름을 불러 주기 전까지는 사회적으로 존재성의 의미가 없음을 알아서 대상으로부터 나의 존재를 객관화시키게 됨을 인식하고, 당신은 당신 인생, 나는 내 인생이라고 말할 수 있어야 한다. 예전 80년대 학교 다닐 때가 생각난다. 민주화를 부르짖으며 피 흘리며 죽어라 투쟁하는 이들과 도서관에서 고시반에서 죽어라 공부하는 이들은 소음, 휴강 등 여러 가지 문제의 발생으로 인해서 일반적으로 생각하건대 서로에게 좋은 감정일 수는 없다고 생각할 것이다. 그러나 정말 단언하건대 그러지 않았다. 왜 그것은 각자의 가치관에 따라 행동하는 것이니까 말이다. 이것이 진짜 자유다. 하늘로부터의 자유를 갖자. 인간은 각각의 소질의 다양성이 있다. 우리나라 헌법에는 이 부분을 무엇보다 우선하는 가장 소중한 가치로 정해 놓았다.

우리가 가지고 있는 가치관과 진리라 믿는 것과 옳음 등이 얼마나 상대적이며 가변적인 것인지, 또한, 끊임없는 욕구와 그에 비례하는 불만족, 더 앞으로 나아가려는 끊임없는 움직임이 얼마나 주관적이고 일방적 활동인지 생각해 볼 필요가 있다.

현 시대 인간의 욕망을 충족시키고자 하는 과학기술의 엄청난 발전 방향이 옳은지 인류뿐만이 아닌 지구촌 전체의 생물의 생존과 무생물의 모든 존재에 관하여 본질과 본질적이라는 측면을 종합하여 생각해 보자. 현실성 없는 이야기라 말하겠지만 외발자전거 타기와 같은 무조건적 앞으로 나아감보다는 한 번 나아가고 한 번 뒤돌아보고 하면서 본질에 충실한 발전인지를 끊임없이 질문해야 한다. 그리하여 인간의 욕구를 절제하고 지구의 생명과 환경을 가장 중요한 화두(話頭)로 하는 과학기술의 발전이어야 하며 그러한 지향성을 가지고 발전하는 현 인류이기를 소망해 본다.

우리가 인간의 욕구와 그에 따른 과학기술의 발전과 자본주의의 이익추구 우선의 원칙에 입각해서 바라본다 해도, 개인적으로 욕구하는 것은 현실적, 물질적인 것이라 해도 결국에는 정신적으로 뇌에서 느끼는 행복이 최종 목적지인 것이다. 그렇기 때문에 결국에는 유심론(唯心論)의 심학(心學)을 이야기하게 되는 게 아닌가 한다.

본론으로 돌아와서, 우리의 삶에서 **비결정론적 세계관**의 예를 들어보자.

만약, 같은 부모에게서 같은 성별을 가지고 같은 날 몇 분의 차이로 태어난 쌍둥이 자매가 있다고 하자. 태어난 연, 월, 일, 시의 같은 사주(四柱)로써 명리학(命理學) 이론으로는 같은 오행(五行)과 같은 육친(六親)의 구조와 같은 신살(神殺)의 작용을 갖고 있으며 10년 주기의의 같은 대운(大運)의 흐름을 보인다. 그렇다면 그 자매의 생장 소멸의 과정이 거의 비슷하다고 해야 할 것이다. 그러나 얼마 전 TV에서 어느 할머님의 이야기가 전개되는 프로그램에서 잊히지 않는 할머님의 독백이 있었다. "나는 쌍둥이 언니가 있었어. 근데 그 언니는 젊어서 죽었어!"였다. 단, 정확한 출생 시간에 대한 정보는 없어서 그 시간을 시간 변경의 한 주기로 볼 때 쌍둥이 자매는 아마도 몇 분의 차이로 태어날 것이겠지만, 때마침 120분의 시간 분기점인 1분, 즉 60초의 시간 그 지점이 시간 변경 시점이라면 사주가 아주 조금은 다를 수 있기는 하다.

또 다른 경우 서울에서 남자아이가 태어나는 순간, 부산에서도 똑같은 시간에 남자아이가 태어났다. 그 둘의 사주와 대운은 같다. 그렇다면 그 두 사람의 성장, 소멸, 인생의 전 과정이 대동소이(大同小異)해야 옳을 것이다. 그러나 실제 사례는 매우 다르다. 물론 후천운(後天運)이라든가 하는 여러 가지 요인이 있지만 말이다.

경험에 의하면 같은 사주이지만 여러 가지 후천적 요인에 의해서 실제 삶의 모습이 달라진다. 자, 이럴 경우 실제 상담 사례에서 쌍둥이 형제 중 한 명인 것을 모르고 상담할 때 일어나는 일을 보자. 먼저 사주를 기본으로 하여 분석하고 작괘(作卦)하여 괘상(卦象)을 살펴 상담할 때 그 사람의 성격과 특성과 자질의 장단점과 학업 성취, 직업 성취 여부 등을 밝혀 알려 주지만 중요한 한 가지 사항이 있다. 바로 이것이 뒤에 설명하는 동시성 현상과 관련이 있는, **상담자가 상담하러 온 날이다**.

같은 날이라도 측정시점에 따라 각각의 불특정 궤도에서 존재할 확률이 달라지듯이 상담일은 그 사람의 모든 것의 기준이 된다. 이날을 기준으로 괘를 파악하는 육효 비전에 의해 쌍둥이라 해도 달리 해석되고 삶이 다른 이유를 알게 된다는 것이다. 물론 그달도 중요하지만 말이다. 그 기준으로 육수(六獸)를 정하고, 각각 육친 영역의 강약과 생왕병로사(生旺病老死)에 따른 변화, 신살(神殺)의 작용과 외부환경이 나에게 작용하는 생(生)과 극(剋)의 여부 등 명리학적 분석기법으로 파악하여 정단(正斷)하기 때문이다.

그리하여, 같은 사주(四柱)라고 해도, 앞에서 언급한 대로 각각의 인간 개체에게 미세하면서도 광대한 우주의 기(氣)가 그 사람의 정해진 사주와 상관없이 태양의 흑점 활동처럼 독립적이고 불규칙하게 작용하는 기(氣)의 작용 혹은 영(靈)의 침입이라는 우연적 사태에 의해 후천적 작용이 있음으로 해서 극단적인 다름이 발생하기도 한다. 또한 국한 지어서 보자면 작괘(作卦)한 그 괘상(卦象)이 같다고 하여도, 내원하여 질문하는 그 달(月), 날(日)에 따라 질문에 대한 정단(正斷)은 완전히 달라진다. 그것은 동시성 현상 원리와 확률밀도에서처럼 각각의 개체가 그때그때 확률적으로 끊임없이 선택하는 과정에서 다름이 있는 것이다.

이것이 바로 막스 보른의 확률밀도의 개념을 함의(含意)하고 있다는 것이 나의 생각이다.

제7절. 양자 다중 우주(量子多重宇宙, Quantum Multiverse) – 휴 에버렛(Hugh Everett)

휴 에버렛
(사진 출처 : 위키피디아)

1957년, 휴 에버렛이 '상대적 상태(相對的 狀態)'의 개념을 창안(創案)했다.

우주는 빛보다 빠르게 팽창한다고 한다. 우주는 빅뱅 이후 138억 년의 나이를 먹었고, 반지름 465억 광년 크기의 구(球) 형태이다. 관측 가능한 우주의 밖은 가 볼 수도 알 수도 없다.

휴 에버렛이 주장한 좁은 의미에서의 다중우주론인 다중 세계 해석은 관측하는 순간, 즉 관찰자를 계에 포함시킬 경우 파동함수가 붕괴되어서 세상이 확장된다는 가설을 증명할 수 없다고 하며 슈뢰딩거의 방정식에도 측정 시마다 파동함수의 붕괴를 암시하는 수학적 변수는 없다고 한다. 즉 파동함수가 붕괴되면서 확장하는 게 아니라 슈뢰딩거 방정식을 따라 결정론적으로 움직이고 그에 따라 나올 수 있는 우주는 여러 개로 갈라지는 것이라 하면서 이중 슬릿 실험에서 오른쪽 슬릿으로 지나간 우주와 지나지 않은 왼쪽 우주는 '수학적으로 자명한 대칭'인 유니타리(Unitary) 진행 즉 **중첩(重疊, Superposition)**이라고 한다. 즉 '결어긋남' 문제만 해결된다면 입자가 측정될 때마다 우주가 무한으로 나뉜다고 했다.

이 이론은 **가능한 모든 경우의 수에 해당하는 만큼 세계가 존재하며 관측하는 순간 새로운 세계가 분리되어 탄생하는 것**으로 이해를 돕기 위해서 **이중 슬릿 실험에서 지나지 않은 나머지 슬릿을 생각**해 보자.

전자와 같은 양자(量子)는 동시에 서로 다른 장소에 존재할 수 있고 상충되는 성질을 동시에 가질 수도 있다는 양자역학 가설 중 하나인 다중세계 해석(多重世界解釋)에 따르면 우주공간 어디에 있든 양자에 대해서는 항상 두 가지 이상의 선택권이 주어지고 우주는 입자에 부여된 선택권만큼 평행우주로 쪼개진다.

따라서 **한 가지의 선택을 할 때마다 세계는 그 선택의 이쪽과 저쪽, 두 가지의 세계로 갈라지는 것이다**.

한 마디로 말하자면 다중 우주 해석(多重宇宙解釋, Multiverse Interpretation)은 '우주는 우리가 선택하는 순간에 여러 개로 갈라지는 것이 아니라 이미 무한개의 우주가 존재하고 있으며, 마치 기차가 수많은 교차점(交叉點)을 지나지만 결국에는 하나의 경로를 쫓아가듯이 하나의 우주를 선택한다'는 것이다.

이는 우주가 시간과 공간에서 여러 갈래로 나뉘어 서로 다른 일이 일어나는 여러 개의 우주가 사람의 인식과 무관하게 무한히 존재한다는 가설이다.

그 여러 주장들을 아주 간단히 소개하면 다음과 같다.

① 우주 배경 복사 측정으로 밝혀진 우주 구성 물질의 68% 정도인 암흑 에너지의 구체적인 값과 관련된 문제해결방법으로 우주가 여럿 존재한다는 우주 배경 복사이론.

② 일반 상대성 이론에 의해 프리드만 방정식을 따르는 우주는 팽창 후 수축하여 종말을 맞는 닫힌 우주, 영원히 팽창하는 열린 우주, 초기 팽창 속도와 물질의 밀도가 조화를 이루 경우 계속 팽창을 하되 겨우 팽창을 유지하는 평평한 우주론을 펼치는 이론.

③ 자연에 존재하는 중력, 전자기력, 약력, 핵력 중 중력을 제외한 세 개의 힘을 하나로 통일하는 이론으로 19개 상수를 도입하여 그 값에 따라 여러 개의 우주가 존재한다는 대통일 이론.

④ '앨런 구스'가 우주가 생성되자마자 빠르게 팽창됐다고 가정하는 이론과 그걸 보완한 자발적 붕괴론과, 그에 따른 연속적이고 영원한 대폭발 때마다 우주는 탄생한다는 급팽창 이론.

⑤ 매우 작지만 0이 아닌 길이를 가진 대칭성을 가진 끈이 만물을 구성하며 이는 10차원을 말하며 4차원의 나머지 6개의 차원에서 인간이 관측할 수 없는 여러 개의 우주가 있다는 끈 이론.

⑥ 10차원의 끈 이론에 11차원으로 확장되어 끈뿐만 아니라 다양한 차원의 막이 등장하여 숨겨진 차원들이 늘어나게 된다는 M 이론.

⑦ 끈 이론이 허용하는 작은 길이까지 압축된 블랙홀이 대폭발을 일으키고 그 폭발 때마다 다른 블랙홀이나 다른 우주가 존재한다는 선대폭발 이론.

고전역학에 따르면 물리법칙들은 결정론적 특성을 가지고 있어서 인간의 자유의지는 의미가 없다고 하지만, 양자역학은 관측에 따라 결과가 달라지는데 그 관측단계에서 자유의지가 개입할 여지가 많이 있다. 그래서 다중 우주 해석은 양자적 파동함수에 의해 관측에 따라 정해지는 값이 정해질 때마다 우주가 여러 갈래로 나누어진다고 보는 해석이다. 이 다중 우주 해석은 상담자가 질문하는 날에 따라 답변의 정단이 달라지는『주역』육효점과 유사성이 아주 크다. 참고로 다중우주론에서 스티븐 호킹은 초자연적인 존재, 혹은 신(神)의 개입은 우주의 창조에 아무런 영향을 끼칠 수 없다고 주장했다.

사실 상담하면서 나도 모르게 자주 인용한 시(詩)가 하나 더 있다. 미국 시인 로버트 프로스트(Robert Frost)가 가을 숲속을 걷다 두 갈래 길을 마주하고 고민하다 사람이 적게 지나간 길을 선택한 이후 모든 것이 달라졌다는 시,「가지 않은 길(The road not taken)」이다.

여기에 소개해 본다.

The Road Not Taken

Robert Frost

TWO roads diverged in a yellow wood,

And sorry I could not travel both

And be one traveler, long I stood

And looked down one as far as I could

To where it bent in the undergrowth;

Then took the other, as just as fair,

And having perhaps the better claim,

Because it was grassy and wanted wear;

Though as for that the passing there

Had worn them really about same,

And both that morning equally lay

In leaves no step had trodden black.

Oh, I kept the first for another day!

Yet knowing how way leads on to way,

I doubted if I should ever come back.

I shall be telling this with a sigh

Somewhere ages and ages hence;

Two roads diverged in a wood, and I_

I took the one less traveled by,

And that has made all the difference

나의 느낌대로 옮겨 보자면, 아래와 같다.

가지 않은 길

로버트 프로스트

노란 단풍 숲속에 두 갈래 길이 있었습니다.
몸이 하나이니 두 길을 모두가 볼 수 없어
나는 안타까운 마음으로 한참을 서서,
덤불 사이로 굽어진 한쪽 길을
멀리 바라볼 수 있는 데까지 바라보았습니다.

그러다가 또 하나의 다른 길을 택했습니다.
먼저 길과 똑같이 아름답지만,
아마 더 나은 듯도 하였지요.
풀이 더 무성하고 사람이 닿지 않은 듯했으니까요.
그 길을 걷다 보면
먼저 길과 거의 같아지겠지만요.

검은 발자국 자취 하나 없는 낙엽 위로,
두 길은 그날 아침을 마주하고 있었습니다.
아, 한 길은 다른 날을 위해 남겨 두었습니다.
끝없는 인생길이 이어져 어떤지 알고 있으니
다시 보기 어려우리라 느끼면서도 말입니다.

나는 한숨지으며 이야기하겠지요.
까마득히 오랜 세월이 흐른 다음
"두 갈래 길이 숲속으로 나 있었다. 그리고 나는-
사람이 적게 간 길을 택했고,

그것이 내 삶의 운명(運命)을 바꾸어 놓았다"라고.

후회(後悔)

특이한 경우의 50대 후반의 주부의 얘기를 해 보자.

아무 말 없이 그분의 괘를 뽑아 보니 남편 문제로 내원한 것을 알 수 있었다.

그분께서는 서로 빈손으로 만나 결혼하여 열심히 살았다 한다. 좋은 직장을 다니다 정년퇴직한 남편과 딸 그리고 시어머니와 함께 살고 있는데, 고등학교 입학을 앞둔 공부 잘하는 딸내미와의 좋은 관계 말고는 가족 모두 한결같이 자기와 마음과 생각이 다르고 성격도 다르단다. 특히 건강하시고 분명한 성격의 시어머니가 너무도 싫단다. 그리고 결혼 이후 너무도 이기적이고 배려를 모르며 자기도취에 빠진 사람처럼 행동해서 살면서 단 한 번도 정(情)을 느끼지 못하고 혐오(嫌惡)하여 항상 이혼하고 싶은 남편과 살다 보니 남편이 한없이 미운데 더욱더 미운 이유가 시어머니 때문이라는 거다. 시어머님만 안 계시면 남편과도 좋게 지낼 수 있을 것 같단다.

그래서 내가 "당신의 태어날 때부터 설정된 사주(四柱)에는 서 있을 곳에 우뚝하여 직업적 성취가 있으며 가장 역할을 잘 할 수 있는 사람과 살게 되고 정신적으로나 육체적으로 잘 맞는 사람이어서 헤어지는 것도 대단히 어렵다."라고 했다.

그런데 왜 지금 남편과 사이가 안 좋고 살기가 어려운가?

그것은 드물게 특별한 경우로 두 사람 사주를 명리학(命理學)적으로 분석해 볼 때 여러 방면에서 도저히 함께 호흡할 수 없는 사람을 남편으로 선택한 탓이다. 더군다나 그 남편의 사주는 평생 부모와 함께 살아야 하는 사람이다. 그렇기에 상담자가 지금 힘든 것이다.

결혼 전 두 사람의 궁합을 보았으면 상담자의 사주에 맞는 사람인지 확인할 수 있었을 것이고 상담자의 선택에 큰 도움이 되었을 것이라 보기에 아쉽다.

상담자의 사주에 남편과 이별하는 것이 어려워 지금 마음이 힘들어도 이혼을 결정하기가 매우 어려울 것임을 안다. 하지만, 이미 후천적인 선택으로 인해 상담자의 인생이 결정된 것이므로 힘들더라도 마음을 굳게 먹고 이혼을 하든지, 아니면 본인의 사주를 받아들일 수밖에 없는 것이다. 후회하기보다 지금까지의 선택을 인정하고 자신의 마음이 나아질 수 있는 방법을 택해야 한다.

부부관계를 보면 결혼과 동시에 상대적으로 음(陰)인 부인은 상대적 양(陽)인 남편의 사주를 담는 그릇인 것처럼 남편의 운명에 지대한 영향을 끼친다.

즉, 상담자의 사주팔자에 남편이 그렇게 설정되어 있을 개연성이 크다는 것이다. 하지만, 후회와 남 탓은 내가 가지 않은 길처럼, 내가 지나지 않은 슬릿처럼 돌이킬 수도 없고 전혀 바람직하지 않은 일이다.

독자 여러분들도 지금껏 많은 선택을 하며 살아온 삶의 궤적들을 돌아볼 때 과정 속에 과연 선택하지 않은 그 길은, 그 세상은 없는 것일까, 있는 것일까?

이렇게 단언하고 이해하기에는 쉽게 받아들이기 어려운 생각이고 말이지만, 여기에 서술하는 이유는 인간의 삶의 진행 과정이 여러 가지 이유에 의해서 결국 나의 문제로 귀결되기 때문이다. 그렇기에 내 사주에 맞는 올바른 선택을 하는 것이 중요하고 그 올바른 선택을 도와주는 것이 명리학이라 본다.

제8절. 양자 컴퓨터

양자 컴퓨터는 양자역학에서 중첩성과 얽힘의 원리를 정보 처리에 직접 사용하는 미래형 첨단 컴퓨터이다.

리차드 파인만
(사진 출처 : 위키피디아)

1965년 리차드 파인만(Richard Feynman) 교수의 꿈에서 출발하여 1982년 자연에 기반한 양자역학의 파동방정식(波動方程式)의 가역성(可逆性)을 이용한 컴퓨터 시스템을 제안하면서 시작되었다. 양자 컴퓨터는 전자의 중첩 현상을 이용하여 전자를 단 한 번 발사(發射)하여 여럿의 슬릿을 동시에 조사(照射)한다. 그때 전자가 파동처럼 여러 슬릿을 빠져나가게 되면 **정답 슬릿**을 지나간 파동만이 위상이 달라져 **오답 슬릿** 통과 파동과 그 둘을 잘 간섭시키면 정답 슬릿은 보강되어 커지고, 오답 슬릿 파동은 상쇄되어 작아져 마지막 벽에 전자가 부딪히는 위치를 조사하면 정답 슬릿이 어딘지 알 수 있는 원리로 만들어졌다. 이는 양자 특성인 **중첩과 얽힘**을 이용하여 큐비트(Qbit) 열(列)을 한 번 조작하는 것만으로도 모든 데이터를 동시에 처리할 수 있어서 아무리 데이터가 많아져도 처리시간은 달라지지 않는다. 때문에 슈퍼컴퓨터에 비해서 연산속도가 1억 배 정도 더 빠르다. 이처럼 초고속 **병렬연산(竝列演算)**이 가능한 새로운 개념의 컴퓨터인 것이다.

양자 정보 처리의 원리는 최소단위로서 중첩이 가능한 큐빗을 이용해서 양자 컴퓨터를 구현한다. 기본적으로 정보 처리를 위한 최소단위로 비트(bit)와 큐비트의 차이가 있으며 이 둘은 다음과 같이 작동한다.

고전역학의 정보 처리 최소단위 : Bit(0 or 1)

양자역학의 정보 처리 최소단위 : Qbit(0 or 1 or 0, 1)

이와 같이 큐빗 2개를 적절한 중첩상태를 만들어서 f(x)의 논리가 내장된 양자 회로에 넣으면 최종 측정 결과에 따라 단한번의 입력으로 함수=f(x)가 어떤 함수인지 판결이 가능해진다. 이 말은 입력 값에 의해서 출력 값이 동시에 결정된다는 말이다. 물론 이러한 프로세서가 동작하기 위해서는 모든 큐빗을 사용하여 0과 1의 중첩상태를 높은 정확도로 제어할 수 있어야 한다.

플라톤의 『티마이오스』에서 언급한 3각형의 3, 『천부경』 속의 3, 피타고라스의 신비의 수 3, 헤겔의 정반합의 3, 『계사전(繫辭傳)』의 "문효지동 삼극지도야(文爻之動 三極之道也)"의 3, 3개의 이진수(광자 3bit) x, y, z를 더할 때 최소값이 나오는 x, y, z 3의 조합은 무엇인가?

111	(乾)		f111
011	(兌)	Quantum	f011
101	(離)	Processor	f101
001	(震)		f001
110	(巽)	f(x)	f110
010	(坎)		f010
100	(艮)		f100
000	(坤)		f000

→ 0과 1의 각각의 다른 배합의 8개가 된다.

이것을 8괘로 표현할 수 있음이 홍미롭다.

이때에 고전적 컴퓨터는 8개의 경로를 모두 다 한 번씩 찾아가지만 양자 컴퓨터는 양자의 얽힘과 중첩의 속성으로 단 한 번의 '결잃음'을 통해 하나의 상태로 와해되어 동시에 답을 찾아내는 것이다.

상태 함수는 중첩상태이지만 측정을 하면 '결잃음'을 통해 하나의 상태로 붕괴되어 버리기 때문에 중첩의 효과가 측정 결과에까지 반영되는 알고리즘을 찾을 수 있다.

양자 컴퓨터 분야에서 결정적으로 1985년 영국의 물리학자 데이비드 도이치(David E. Deutsch)가 컴퓨터를 이용한 계산을 수학적으로 표현할 수 있는 알고리즘을 완성했고 1994년 피터 쇼어(Peter W. Shor)는 양자 컴퓨터로 소인수분해를 고속으로 처리할 수 있는 해법을 찾아냈다.

작동 방식을 자세히 설명하면 0과 1의 이진수로 연산을 처리하는 일

데이비드 도이치
(사진 출처 : 위키피디아)

반 컴퓨터와 달리 양자 컴퓨터는 얽힘(entanglement)이나 중첩(super position) 같은 양자역학적 현상을 활용해 0과 1이 공존하는 큐비트를 만들어 낸다.

하여 양자비트(큐비트)가 n개라면 2^n승 가지 패턴의 모든 정보를 중첩해서 가질 수 있어서 2의 n승에 해당하는 연산이 한 번에 이루어져 2개의 큐빗은 4개, 6개의 큐빗은 64개, 10큐비트이면 1,000개를, 이렇게 기하급수적으로 동시에 계산할 수 있다고 한다. 그렇기 때문에 슈퍼컴퓨터로 1000년이 걸리는 연산을 15분에 처리할 수 있다. 10개 비트의 모든 경우를 병렬연산 할 때 1024개의 비트가 필요하지만 반면에 양자 컴퓨터는 큐비트 10개면 해결할 수 있다. 실제로『네이처』지에 따르면 PC용 중앙처리장치(CPU) 칩 600만 개가 부착된 IBM 서밋 슈퍼컴퓨터로 1만 년 걸리는 문제를 구글의 양자 컴퓨터는 53개의 큐비트 1개의 칩만으로 3분 20초 만에 풀었다 한다.

결론적으로 양자 중첩과 얽힘은 양자 컴퓨터가 특정한 문제들을 고전적인 컴퓨터보다 효율적으로 알 수 있게 하고 있으며 현재 과학자들은 양자 컴퓨터의 완전한 실용적 구현을 위해 두 가지 과제와 싸우고 있다.

첫 번째는 '양자역학의 궁극적 검증은 어느 정도의 거시적인 규모까지 적용이 가능한가?'이고, 두 번째는 실용적인 양자 정보 기술의 구현은 두 가지 모두 상당한 크기의 양자 중첩, 얽힘을 필요로 하고 '결어긋남'과의 전쟁이라 할 수 있는 상시온도를 절대온도 -273.15℃까지 온도를 낮추는 방법과 큐비트의 긴 수명 유지하는 품질개발을 피할 수 없다는 것이다.

독자들의 이해를 돕기 위해 큐비트가 4개인 경우의 수를 만들어 보자.

1111		f1111
1110	Quantum	f1110
1101	Processor	f1101
1100		f1100
1001		f1001
1011		f1011
1010	f(x)	f1010
1000		f1000
0111		f0111
0001		f0001
0011		f0011
0101		f0101
0010		f0010

0100 f0100

0110 f0110

0000 f0000

→ 중복되지 않는 경우의 수 16개가 만들어져서 이때 16개 경로 탐색 없이 한 번에 답을 구한다.

양자 컴퓨터의 활용 분야는 광범위하게 넓다. 의료 분야에선 유전학 기술과의 접목으로 맞춤치료에 쓰이고, 신약개발에서 분자설계와 분석에 쓰이며, 긴 시간을 필요로 하는 임상실험 결과 도출에도 엄청난 시간단축을 할 수 있을 것이다. 금융 분야에서는 빅 데이터를 이용한 분석의 고도화와 금융상품 포트폴리오의 최적화로 수익모델 개발에 이용할 수 있으며, 또한 대도시의 교통 서비스 부문의 최적화에도 쓰일 수 있을 것이며 갈수록 수요가 폭발적으로 증가하는 물류 배송시스템의 최적화에도 물론 큰 역할을 하게 될 것이다.

제9절. 양자 암호 통신(量子暗號通信, Quantum Encryption Communication)

앞에서 기술한 대로 양자(量子)는 양/+과 음/- 또는 0과 1의 정보의 중첩성(重疊性)이 있기 때문에 입자와 파동의 이중성(二重性)처럼 양자적 현상의 원인이 된다. 따라서 보통의 양자들은 50:50의 확률로 나타나는 불확정성(不確定性)이 있다. 따라서 양자 암호 통신은 양자의 중첩을 이용한 통신으로 빛의 가장 작은 단위인 광자(光子)에 정보를 담아 양자의 간섭현상을 이용해 정보를 하나하나 구분하여 암호화하여 전송하는 미래의 통신 기술이다. 주고받는 사람이 한정되어 있고 '양자채널'이기 때문에 송신자와 수신자만이 해독할 수 있고 양자 컴퓨터의 공격을 막아낼 만큼 보안성이 뛰어난 통신 방법이다.

이러한 양자 전송(통신)에서 중요한 열쇠는 양자 암호화(量子暗號化)인데 이는 물리학에서 더 이상 쪼갤 수 없는 최소단위인 양자(Quantum)의 특성을 바탕으로 도청이나 해킹이 불가능한 암호를 만드는 방식이다. 이는 양자의 중첩을 이용하면 일회성의 난수(亂數)가 생성되어 송신자나 수신자가 어떤 정보가 전달될지 모르고 주고받은 신호를 이용하여 차후 정보로 활용할 수 있게 하는 것으로 기존의 정보체계가 선(先) 정보 후

(後) 암호화라면, **양자 통신은 선 암호 후 정보화**라는 차이점이 있다.

이와 같이 양자 암호 통신은 양자 암호화라는 일반적인 암호화, 복호화(複號化)가 아닌, 원거리의 두 사용자가 동일한 비밀 키(Key)를 갖는 방식이다. 비밀 키 생성을 위해 정보를 주고받는 과정이 바로 양자상태에서 이루어지기 때문에 제3자는 키에 대한 정보를 알 수 없다. 대표적 특징은 공간적으로 떨어져 있는 큐비트 사이에는 양자 얽힘 상태를 만들어 큐비트(Qbit)를 관측하는 순간 비트(bit) 형태로 바뀌어 큐비트를 복사하는 것이 불가능해진다는 것이다. 때문에 동일한 양자상태의 복제가 불가능하고, 한번 양자를 측정하여 답을 구하면 측정 이전의 상태로 되돌릴 수 없다. 따라서 암호 키를 가진 두 사람만이 암호화된 정보를 복호화할 수 있어서 이 키(Key)를 제3자가 탈취하면 양자상태가 전송되는 채널에서 측정 순간 '결잃음'이 일어나 양자상태가 변하며 훼손된다. 이때 수신자는 도청 시도를 즉시 알게 된다.

기술적으로 중요한 양자 암호화의 대표적 사례는 암호화, 복호화 되는 키를 분배하는 양자키 분배(Quantum Key Distribution) 기술이다. 이는 송신자와 수신자의 양 끝단에 설치된 암호기 분배 기기를 통해 같은 암호 키를 생성해 주는 양자 암호화의 핵심기술이다.

이는 우리가 뒤에서 살펴볼 동시성 개념처럼 언젠가 텔레파시(Telepathy) 같은 일이 실제로 현실에서 이루어지는 그런 날을 볼 수 있을지 모른다는 생각이 더 이상 상상만의 일이 아닌지 모르겠다. 우리가 기존의 고전역학이나 상식이라는 부분에서 보고 느끼고 판단하던 많은 일들 중, 검증되지 않았다는 이유로 폄훼되고 인정받지 못하던 동양의 여러 학문들 중에 의

학, 미래예측 학문들 또한 다시 살펴 연구해 볼 가치가 있지 않을까 생각한다.

우리는 흔히 5가지 감각인 색, 성, 향, 미, 촉의 오감(五感)이외에 육감(六感)이라는 말을 자주 한다. 먼저 육감이라는 단어가 존재한다는 것이 새롭고 놀랍다. 어찌 우리 조상님들은 증명할 수도 없는 육감이라는 것을 생각하고 현실 생활에서 사용했을까? 아마도 내 개인적인 생각에는 그분들은 육감이라 부를 수 있는 그런 현상들을 체험하며 생활 속에서 함께해 온 감각이었으리라 짐작한다. 인류 초기 문자와 언어가 아주 단순하던 시절에는 오히려 육감이 더욱 발달해 있었으며 자꾸 문명이 발전하면서 육감 기능은 차차 소멸해 가고 있는 중이라 생각된다.

자연재해가 발생했을 때 동물들이 자기장의 변화를 인지하는 능력도 있겠지만, 먼저 알아차리고 위험을 벗어나는 것이라든가, 인간들이 선몽(先夢)이라는 예지몽 등을 통해 앞날을 보는 경우 등을 볼 때, 예전에는 잘 발달되어 있던 육감의 동시성 현상이 문명이 첨단화될수록 그 기능이 둔화되는 것이라 생각된다. 좀 다르긴 하지만 그동안 잘 기억하던 전화번호를 저장기능이 있는 폰을 쓰면서부터는 잘 기억하지 못하는 것처럼 말이다.

이렇듯 실제 생활에서의 오감도 있지만 육감처럼, 양자 암호 통신처럼 정신적, 심적 영역도 결코 현실에 뒤따르는 요소가 아니라, 물질문명에 앞서서 고찰되어야 하는 요소로서 정신문명의 고양도 꼭 필요한 것이다. 바람직하지 않지만 좀 더 나아가자면, 자원을 이용하여 생산하는 물질문명의 발달이 꼭 인류에게 정말로 도움이 되는 것인지 일정 부분에서는 생각해 볼 일이다.

우리가 조상들께 예를 올리고, 교회의 새벽 예배를 가고, 기도원에 들어가며, 산사(山寺)에 가서 기도를 하는 것 등 무엇인가 감사를 드리고 간절하게 바라는 바가 이루어지기를 기원하는 행위에는 오로지 정신이 극대화되는 장소이거나 상황이 있다. 왜 그럴까? 물아일체(物我一體)라, 나와 천지자연이, 나와 신(神)이 하나가 되어 염력(念力, Telepathy)을 통해 전달될 수 있는 그런 기능이 인간 스스로에게 있다고 여겨질 만한 경험을 했거나 그 경험이 전해져서 믿는 것은 아닐까?

양자 암호 통신을 통해 생각해 본다.

제 4 장

✷

슈뢰딩거의 고양이

‘슈뢰딩거의 고양이’는 에르빈 슈뢰딩거가 삶과 죽음이라는 상반된 개념이 확률론으로 중첩된다고 말하는, 막 탄생된 양자역학의 피상적인 면에 회의를 갖고 알버트 아인슈타인과 토론 끝에 제안했으며, 더불어 막스 보른이 슈뢰딩거의 파동방정식의 해(解)가 확률을 뜻한다는 주장에 반발하여 내놓은 사고실험(思考實驗, thought experiment)이다.

에르빈 슈뢰딩거
(사진 출처 : 위키피디아)

이 사고실험은 결과적으로 양자역학의 특징을 설명하는 대표적인 예(例)가 되었다.

> 상자 안에 고양이 한 마리와, 방사성 물질(라듐), 가이거 계수기, 청산가리가 들어 있는 작은 그릇과 망치가 들어 있다. 상자

> 는 외부 세계에 차단되어 있고, 밖에서 내부를 들여다볼 수 없다. 방사성 물질에서 알파입자가 방출되어 가이거 계수가 이것을 감지하면 망치가 청산가리 그릇을 부수고 고양이는 죽게 된다. 방사성 물질에서 알파입자가 방출될 확률은 1/2이고 고양이는 여기에 아무런 영향을 끼칠 수 없다. 한 시간 뒤, 고양이가 살아 있을 확률은 1/2이다.

여기서 슈뢰딩거는 양자역학은 불완전하며 비현실적이기 때문에 고양이는 반드시 살아 있거나 죽은 상태여야 하기 때문에 원자 역시 붕괴했거나 붕괴하지 않았거나 둘 중 하나라는 것이다.

그러나 **코펜하겐 해석에서 보어가 주장한 바에 따르면 고양이의 상태(죽었는지, 살았는지)는 상자를 열어 보기 전까지는 결정되지 않는다. 즉 대상에 대한 관측행위가 대상의 상태를 결정한다는 것이다**.

슈뢰딩거의 고양이 사고실험에서 관측의 문제를 심도 있게 살펴보아야 할 것 같다. 이것을 과학적으로 잘 표현해 준 과학자 김상욱 교수의 설명을 꼭 들어볼 필요가 있어서 여기에 옮긴다.

> 고양이 한 마리를 이중 슬릿에 던지면 벽에 여러 개의 줄무늬가 생길까? 안톤 차일링거의 대답은 물론이다! 단, 이 분자가 이중 슬릿을 지나 스크린에 도달할 때까지 절대로 분자가 날아가는 중에 공기분자와 부딪히면 적어도 공기 분자는 풀러렌이 어느 슬릿을 지나는지 알게 되는 것 즉, 관측을 당하지 말아

야 한다.

관측의 주체는 인간이 아니다. 아니, 지능을 가진 어떤 존재도 아니다. 풀러렌이 공기분자와 부딪혀서 어느 슬릿을 지났는지 **'우주'가 원칙적으로 알 수 있으면 관측이 일어난 것**이다. 이와 같은 관측을, 물리학자들은 **"결어긋남"** 혹은 **"결잃음(decoherence)"**-1970년 독일 물리학자 디터 제(dieter zeh)가 제안-이라 한다. 즉 파동이 간섭할 수 있는 능력을 상실하는 현상이다.

인간의 몸은 원자(原子)로 되어 있다. 그러나 두 개의 문을 동시에 지날 수 없다. 이것은 끊임없이 '결어긋남'이 일어나고 있기 때문이다.

그러나 모든 '결어긋남'을 다 막을 수 있다면 당신도 두개의 문을 지날 수 있다. 하지만 그러기 위해서는 숨도 쉬지 말아야 하고, 빛과 부딪혀도 안 된다. 이렇게 하는 것이 사실상 불가능해서 우리는 양자역학적으로 행동할 수 없다.[5)]

위 김상욱 교수의 글을 바탕으로 슈뢰딩거 고양이의 사고실험에서 말하는 중요한 논점인 수많은 '결어긋남'의 매커니즘을 좀 더 자세히 설명해 보겠다.

일단 실험 대상인 상자 속 고양이는 온도가 절대영도(絶對零度, -273.15℃)가 아니기에 살아 있으므로 주변에 열(熱)을 방출하고 있고, 또한 고양이

---

5) 김상욱, 「양자역학 좀 아는 척」 중에서.

가 호흡을 하므로 주변의 공기분자와 상호작용을 하고 있음은 분명한 사실이다.

그러므로 고양이는 전혀 측정 당하지 않는 닫힌계에 있지 않아서 주변으로부터 끊임없이 교란 당하므로 고양이의 양자역학적 상태들은 서로 '결맞음'을 이루지 않는다. 이러한 상황은 이미 실험 당사자가 상자의 뚜껑을 열기 훨씬 전에 고양이는 수십억 차례의 상호작용을 주고받았을 것이므로 신비한 양자적 확률(量子的 確率)은 이미 고전적 확률(古典的確率)로 바뀐 상태다.

그러므로 당신이 고양이를 눈으로 확인하기 전에 고양이는 살아 있거나 아니면 죽었거나 둘 중 하나의 상태로 명확하게 결정되었을 것이다.

그렇다면 아주 일상적이고 평범하고 당연하다고 생각되는 질문을 해보자.

만약 총으로 총알을 쏜다면 그래도 간섭무늬가 생길까? 극히 정밀하여 결어긋남을 피할 수 있는 측정 장치가 있다면, 총알도 파동의 성질을 가지고 있기 때문에 당연히 간섭무늬가 생긴다.

그러나 총알은 외부환경과 끊임없이 상호작용하기 때문에 그 경로정보가 새어 나가기 때문에 간섭무늬는 사라져 간다.

정리하면 다음과 같다.

① 양자 중첩은 환경과의 상호작용을 통해 쉽게 사라지며 이런 현상을 '결어긋남'이라 한다.

② '결어긋남'은 양자세계에서 피할 수 없는 현상이다.

③ 거시적(巨視的) 규모의 양자 중첩일수록 더 많은 환경과의 상호작용이 일어난다. 따라서 더 빠른 '결어긋남'을 겪는다.
④ 양자 중첩과 얽힘을 만들어 내고 사용하기 위해서는 '결어긋남'을 극복하는 것이 중요한 과제이다.

이후 양자역학 체계가 국소성의 원리에 모순된다고 지적했으나 '숨은 변수 찾기'와 관련된 여러 실험을 통해 오히려 **양자세계에서 국소성의 원리(locality principle)가 통하지 않으며 한곳에만 국한되어 있지 않은 비국소성(非局所性, non locality)이라는 것이 밝혀졌다**.

인류 역사 이래 우리 인류는 선사시대 동굴 벽화 유적이나 큰 바위 등에 새겨진 그림들을 통하여 그들의 생활상과 더불어 특정할 수 없는 무엇인가에 기도를 하고 신에게 제사를 지냈다는 흔적이나 기록이 많이 보인다.

이어서 첨단과학이 지배하는 현대에 이르기까지 수많은 여러 가지 종교가 분화하며 번성하고 있다. 이와 같이 인간들은 끊임없이 창조주, 구세주, 유일한 신, 돌아가신 부모님이나 조상님께 혹은 막연히 하늘, 땅, 그 어디, 그 누구, 그 무엇인지 특정할 수 없는 그 무엇에게까지도 의지하며 바라는 바가 이루어지기를 바라는 기원, 기도를 한다.

동서양을 막론하고 모두 인간의 어쩔 수 없는 우연적 사태에 직면하는 한계상황을 극복하고자 하는 강한 의지가 발현된다. 양자의 세계가 뒷장에서 다루는 EPR의 역설에서 말하는, 두 시스템이 유한한 시간 안에 서로 소통할 수 없을 만큼 떨어져 있어도 한 시스템의 측정이 다른 시스템에 변화를 인과적으로 유발할 수 있다는 의미의 **비국소성(非局所性)**이라는 것이 밝혀졌듯이 오롯이 '결맞음(coherence)'이 일어날 수 있는 정신적 운동인 기도가 받아들여지고 통하여서 이루어질 것이라는 믿음이 있기 때문이다. 특히, 천지자연과의 합일을 자연스럽고 중요하게 생각하는 동양 문화권에서는 나와 함께 존재하는 생물, 무생물까지 존중하고 의인화하며 상생하는 문화를 만들고 유지하였다. 그렇기 때문에 나를 둘러싼 모든 것들과 비국소적으로 소통하고 영향을 주고받으며, 그러기에 자연과 하나가 되는 삶을 살아가는 문화가 면면히 이어져 오고 있는 것이다.

제 5 장

EPR의 역설 (Paradox)

1935년 아인슈타인(Albert Einstein)과 제자인 포돌스키(Boris Podolsky), 로젠(Nathan Rosen) 이 세 사람이 『피지컬 리뷰(Physical Review)』지에 국소성 위배 불가능에 관한 해석을 통하여 양자 중첩을 붕괴시켜서 양자 역학의 불완전성을 밝히기 위해 「물리적 실재에 대한 양자물리학적 기술은 완전하다고 할 수 있을까?」라는 제목의 논문(論文)을 기고했다.

이 논문에 따르면 서로 멀리 떨어져 있는 물체들은 상대에게 즉각적인 영향을 미칠 수 없다는 국소성과 측정의 결과는 물리계가 가지고 있는 특성의 결과이다. 즉, 측정으로부터 독립적인 물리적 실재가 존재한다는 Local Realism인 실재론을 주장하며 두 가지의 조건을 제시했다.

① 모든 물리이론은 물리학적으로 '실재'해야 한다. 이는 시스템 자체를 변화시키지 않고도 값을 측정하거나 예측할 수 있어야 한다.

② 모든 이론은 국소성(Locality)을 지녀야 한다. 이는 "공간적으로 분리된 계에서 일어나는 사건이, 지금 이곳에서 진행하

알버트 아인슈타인
(사진 출처 : 위키피디아)

는 실험이 영향을 끼치지 않아야 한다."라는 뜻으로 숨은 변
수 이론의 한 형태를 옹호하기 위한 논변(論辯)이다.

'숨은 변수 이론'을 다시 설명해 보자. 아인슈타인(Albert **E**instein), 포돌스키(Boris **P**odolsky), 로젠(Nathan **R**osen)이 세 사람에 따르면 물리량의 측정 문제에 있어서 '살아 있는 상태와 죽어 있는 상태가 중첩된 상태'는 애초에 존재하지 않고 고양이를 상자에 넣는 순간 고양이가 죽었는지 살았는지 여부가 결정된다. 즉, 처음부터 한 상자에는 죽은 고양이가, 다른 상자에는 살아 있는 고양이가 들어 있는 것이다. 따라서 5광년 거리에 있는 A와 B 중 A가 상자를 열어 살아 있음을 확인한다 해도 5광년 밖에 떨어진 고양이를 죽이는 것은 아니다. **모든 것은 원래부터 결정되어 있으며, 단지 우리가 그것을 결정하는 변수(變數)가 무엇인지 모를 뿐이다.** 이것이 바로 '숨은 변수 이론(Hiden variable Theory)'이다.

여기서 언급되는 숨겨진 변수는 '현재는 모르지만 미래에는 분명히 알 수 있는 그런 숨겨진 존재가 숨겨져 있다'는 의미이다.

EPR의 주장은 물리계(物理界)를 교환하지 않는다는 전제하에서 만약 어떤 물리량의 값을 정확히 예측할 수 있다면 그 양에 대응하는 실재의 요소는 존재한다는 것이다.

이 역설은 양자역학의 어떤 상태를 측정할 때 측정함과 동시에 그 계(界)는 측정에 해당하는 고유 상태로 붕괴해 버린다는 비국소성의 원리에 의해 양자역학의 측정결과는 빛의 속도로 바로 갈 수 있는 것보다 멀리 떨어진 곳에서도 측정할 수 있다는 것에 대한 문제 제기이다.

여기서 아인슈타인은 「양자역학과 실재」라는 글에서 국소성은 특수상대성 이론(特殊相對性理論)으로 공간적으로 분리되어 떨어져 있는 두 물체는 절대 서로 직접적으로 영향을 줄 수 없다는 물리학 원리로 입자 간 상호작용이 있으려면 빛 같은 무엇인가를 주고받아야 한다는 이론이다. 이를 통하여 양자역학 체계가 국소성의 원리에 모순된다고 지적했으나 결국 숨은 변수 이론과 관련된 여러 실험을 통해 특히 존 스튜어트 벨이 행한 '벨의 부등식(Bell's Inequality) 실험'으로 어느 이론이 옳은지 규명하려 했고 Spin은 벨의 부등식이 성립하지 않으며 실험값이 양자역학에 의해 완벽히 설명됨을 증명하였다. 이는 "'숨은 변수'라는 것이 어떤 형태로든 존재한다면 반드시 성립해야만 하는 식이 성립하지 않는다."라는 뜻이며 그렇기 때문에 세상에는 '숨은 변수'라는 것이 아예 존재할 수 없음을 밝혔다. 결론적으로 국소적 실재론이 틀렸음을 밝히며, 오히려 **양자 세계에서 국소성의 원리가 통하지 않으며 비국소적**이라는 것이 밝혀졌다.

여기서 말하는 비국소성(Non locality)이라 함은 **우주 만물과 우리가 서로 연결되어 있다**는 뜻으로 전파나 빛을 통해 정보가 전달되는 것이 아닌 즉각적으로 정보가 전달되는 성질을 말한다.

주요 쟁점은 다음과 같다.

1. 실재성(Reality)

두 입자 X, Y가 충돌한다. 충돌 후 두 입자는 짧은 시간 안에 반대 방향으로 멀리 날아갔다 만약 X, Y의 속도를 측정하려 할 때, X의 속도를 측정했다면 에너지 보존의 법칙에 의해 Y의 속도를 직접 측정하지 않고도 알 수 있다.

하지만 코펜하겐 해석에 의하면 'Y가 측정되기 전까지는 Y는 존재하지 않는다'.

2. 국소성(Locality)

전자나 양전자(陽電子)와 같은 입자들의 물리적 성질은 국소성의 원리(principle of locality)로 시공간(時空間)의 어떤 점에 국한되어야 한다. 즉, 서로 멀리 떨어져 있는 물체는 즉각적으로 영향을 줄 수 없다.

서로에게 영향을 끼치기 위해서는 어떤 형태로든 통신을 해야 한다. 즉각적인 통신은 국소성(局所性, locality)을 위반하게 되는 것이다. 그것은 빛의 속도보다 몇 배 빠르게 통신하는 것이므로 특수상대성 이론에 따르면 그것은 불가능하기 때문이다. 이것은 양자역학이 완전한 물리이론이 아니거나 숨은 변수(Hidden Variable)를 찾지 못한 것이다.

이에 대한 코펜하겐 해석으로는 전자나 양전자와 같은 입자들은 자신의 축을 중심으로 자전하고 있는데, 자전에 의한 운동량을 Spin이라고 한다. Spin은 축을 중심으로 우측이나 좌측으로만 돈다.(Spin up은 우측, Spin down은 좌측) 특정 전자가 어떤 Spin을 가졌는지 측정 전까지는 알 수 없고, Spin up, Spin down의 상태가 중첩돼 있는 상태다.

측정 시 두 가지 Spin 중 하나로 확정되고 나머지 전자에 영향을 주어 동시에 측정하게 되면 나머지 다른 전자는 반대의 상태가 된다. 이는 멀리 떨어져 있는 입자에 대한 측정이 다른 입자에 즉각적으로 영향을 줄 수 있다고 주장한다.

3. 양자 얽힘(Quantum Entanglement)

입자들은 한 입자의 양자(Quantum) 상태의 측정이 다른 입자들의 가능한 양자(Quantum) 상태를 결정하는 방식으로 서로 연결되어 있다. 이에 대해서 아인슈타인은 이 효과를 유령원격장치(幽靈遠隔裝置, Spooky action at a distance)로 언급했다.

그는, 양자 얽힘의 존재를 인정하면서 장갑 한 켤레를 한 짝씩 다른 곳에 보관했다고 가정할 때 어떤 사람이 왼손 장갑을 발견한다면 다른 곳은 오른손 장갑이 있을 것이므로 측정 전에 이미 두 개의 입자들이 서로 강한 연관성을 가지고 있다. 즉 서로 멀리 떨어져 있는 두 입자는 서로 영향을 줄 수 없고 영향을 주기 위해서는 어떤 형태로든 정보를 주고받아야 한다. 이를 위해서 유령원격장치 개념을 말했다. 그러나 정상적 정보의 전달은 '상대성 이론'에 의해 빛보다 빠른 속도로 이루어질 수 없다.

이에 대한 닐스 보어의 반박에 따르면 측정 과정 없이 물리적 실재를 언급할 수 없다. 즉 X의 속도를 측정한다면 '에너지 보존의 법칙'에 의해 Y의 속도를 직접 측정하지 않고도 알 수 있지만 운동량이 Y의 실재를 의미하지는 않으므로 그들의 주장은 불합리하고 잘못되었다고 한다.

4. 불확정성(不確定性)의 원리(原理)

아인슈타인(Einstein)은 불확정성의 원리는 자연에 내재되어 있는 한계가 아니라 양자역학의 한계이며 입자를 교란시키지 않고 간접적인 방법으로 위치와 속도를 측정할 수 있다. 설사 우리가 위치와 속도를 둘 다 결정하지 않더라도 분명 입자는 명확한 위치와 속도 값을 가지고 있다고 주장한다.

즉, 입자의 실체가 보이지 않는다 할지라도 입자는 여전히 그곳에 존재한다. 우리가 명확한 위치와 속도를 알지 못하는 것은 아직 알 수 없는 숨은 변수(Hidden Variable)를 알아내지 못했기 때문이다. 원래 하나였던 입자가 두 개로 분해되어 동일한 속도로 반대 방향으로 날아갔다고 하자, 한 방향으로 움직이는 한 입자의 위치를 측정한다 하면 에너지 보존의 법칙에 의거하여 다른 방향으로 날아가는 입자를 손 하나 까딱하지 않고 그 특성을 알 수 있다. 왜냐하면 '같은 속도'로 반대 방향으로 날아가기 때문이다.

결국, 입자는 정확한 위치라는 속성을 가지고 있다. 때문에 정확한 위치를 가질 수 없다는 양자역학은 불완전하다.

> EPR : 떨어져 있는 입자는 서로에게 어떠한 영향도 주지 않는다. 왜냐하면 그들은 너무 멀리 떨어져 있기 때문이다.
>
> Bohr : 그러나 우주는 입자 A와 B가 서로 떨어져 있더라도 그들은 서로에게 영향을 준다. 즉, **두 물체가 양자적으로 상호 연관되어 있으면 그 영향은 공간(空間)을 초월하여 즉각적으로 전달된다**.

이 원리가 현재에는 새로운 컴퓨터 구조의 큐비트(Qbit), 양자비트(Quamtum bit)를 이용한 초고속 순간 전송, 암호화 방법 등에 이용되고 있다. 쉽게 말해서 나와 당신이 서로 양자적으로 얽혀 있다면(비국소성) 내가 오른쪽으로 걷는 즉시 당신은 왼쪽으로 걷는다. 이 영향은 달에 있든, 아니면 저 멀리 떨어진 은하에 있든 수학적으로 무리 없이 적용된다. 1982년 알렝 에스페 등이 실험한 벨 테스트를 통해 자연은 비국소적이라는 것이 밝혀져 빛보다 빠른 물질은 존재하지 않는다는 특수상대성 이론과 국소성 원리에도 위배되지 않는다.

EPR의 역설에서 보여 준 아인슈타인과 닐스 보어의 논쟁의 핵심을 파악하여 두 이론을 통합한 학술적 성과를 광운대 김영훈 교수는 다음과 같이 설명했다.

> 영국의 물리학자 폴 디랙(Paul Dirac)은 슈뢰딩거는 행렬역학

(行列力學)의 하이젠베르크의 역학에서는 어떠한 시각적 논리가 안 보인다고 무시했었고, 하이젠베르크는 그런 파동역학(波動力學)의 슈뢰딩거를 고양이의 죽음이나 논하는 이상한 물리학자라며 논쟁할 때, 양쪽의 말을 들은 디랙은 코끼리를 달리 표현하는 장님들처럼 같은 대상을 서로 다르게 말하는 걸 느끼고, 이 행렬역학과 파동역학을 연결해 줄 연산자(Operator)를 찾아서 마침내 그의 '디랙 방정식'을 통해 두 역학이 변환된다는 것을 증명하여, 입자이면서 파동이 동시에 설명되어 하이젠베르크와 슈뢰딩거의 주장이 동시에 존재할 수 있게 되었고 더 나아가 맥스웰의 전자기학, 아인슈타인의 상대성 이론, 슈뢰딩거의 파동역학을 통합하여 현대 양자역학을 완성했다.

폴 디랙
(사진 출처 : 위키피디아)

디랙은 방정식을 푸는 과정에서 반물질(反物質, anti-matter)이라고 명명한 물질을 찾았고 그 대표적인 것이 양의 전하(電荷)를 띤, 전자인 양전자(陽電子, positron)다. 이 반물질을 빈 공간을 채우는 유령 같은 존재 즉, 아무것도 존재하지 않는 빈 공간도 음(陰)의 에너지로 가득 찬 반물질이 존재한다고 본 것이다.[6)]

---

6) 김영훈(광운대학교 화학공학과 교수), 『선형대수학과 함께 배우는 양자정보이론』, 경문사, 2020년.

존 벨(John Bell)은 아인슈타인의 학설을 지지하기 위해서 EPR 논문을 연구했다. 스핀이 0인 입자가 스스로 붕괴하면서 전자 A와 B가 만들어지면서 Spin up과 Spin down 실험으로 검증방법을 창안하여 '벨의 정리(Bell's Theorem)'를 발표했다.

이는 '부등식 테스트(Bell's inequality experiment, CHSH부등식-양자전송)'로 결국 아인슈타인을 도우려 한 연구가 결과적으로는 양자역학의 비국소적 특징을 밝혀 양자역학의 체제가 유지될 수 있었다.

알랭 에스페(Alain Aspect)
(사진 출처 : 위키피디아)

이어서 1970년, 버클리 대학 프리드먼과 존 클라우저가 실험적 검증에 성공했으며, 1980년 프랑스의 물리학자 알랭 에스페(Alain Aspect)가 정교히 검증하였다.

결국 EPR은 틀렸고 아인슈타인이 생각했던 우주는 마음속에 존재할 수 있지만 실제로는 존재하지 않는 우주로 판명되었다.

보어와 아인슈타인이 세상을 떠난 뒤 자연은 국소적, 실재적이 아닌 비국소적이어서 모든 것은 다른 모든 것과 연결되어 있다는 것이 밝혀졌다.

참고로 1995년 EPR 논문 60주년 기념 심포지엄에서 실시한 몇 가지 설문조사 중 하나에서는 참석한 과학자 중 86%가 고전역학의 물리적 실재론을 믿는다고 답했으며, '그렇다면 아인슈타인이 옳은가, 보어가 옳은가?' 하는 질문에는 모두가 13번의 실험 결과로 보어가 옳다고 답했다.

미국의 끈 이론 학자 브라이언 그린(Brian Randolph Greene)은 "우주 만물은 태초의 한 지점에서 탄생하였고 우주의 근본까지 추적해서 들어간다면 어쩌면 모든 만물은 **양자적**으로 얽혀 있다고 볼 수 있지 않을까? 어쩌면 우리 모두는 하나일 수 있고, 실제로 먼 과거에 우리는 하나였다" 라고 하였다.

여기서 나는 최초의 원시생명체에서 직립원인으로, 다시 현생인류까지의 진화한 시간의 영역을 생각해 본다. 그리고 고성 바닷가 공룡발자국바위에서 울진의 금강송과 온갖 산나물들과, 멀리 깊은 바닷속에서 탄생하여 머나먼 이곳까지 당도하는 민물장어와 식구 같은 강아지와 내 생명보다 소중한 딸까지 공간의 영역을 바라본다. 그리하여 형태적으로 유·무형과 생명의 유무와 관계없이 나와 모든 대상은 내가 호흡하는 들숨과 날숨과 떼려야 뗄 수 없는 관계라고 생각하는 나의 사유와 동질성을 느낀다.

나는 이번 장에서 다룬 내용들을 살펴보면서 '**나를 사랑하는 것을 바람직하게 이루는 것은 나의 대상으로 존재하는 너를 사랑하는 것이다.**'라는 사실과, 대상을 통해 나의 존재를 인식하는 그런 자세가 지구공동체에 속한 우리 인류의 살길이라는 결론을 얻었다.

내가 믿는 신념을 강권하기보다 네가 믿고 추구하는 것을 이해하고 존중하는 것처럼 말이다. 다시 '내가 누구이고, 너는 또 누구이며, 나를 둘러싼 이 모든 것은 정녕 무엇인가?'를 생각하는 주관적, 관념적 자아성찰 방법에서 대상과 호흡하는, 자연과 합일을 꿈꾸는 상관적 사유가 앞으로 인류가 추구해야 할 사유방식이 아닌가 한다.

위에서 밝힌 나의 주장에서 '너와 나'의 개념을 우리가 인간이라고 하는 객체를 냉정하게 역사를 통해 돌아보고 생각해 보자. 16세기 중세 제국시대에서 18세기 산업혁명 시기까지 스페인, 영국, 네덜란드, 포르투갈, 프랑스 등 유럽 문명이 종교적 신념을 앞세워 이교도의 나라와 사람들을 인간으로 보지 않으며 금과 은, 보석 등 재물과 향신료, 설탕, 커피, 차 등 식재료 등의 확보를 위해, 아프리카, 아시아, 라틴아메리카 지역을 약탈을 위한 욕구 충족의 대상으로만 인식하여 경쟁적으로 약탈행위에 열을 올리고 있었다.

이 당시 폭력 약탈 방식의 선구자인 스페인은 300년간 아메리카 대륙에서 인명 학살은 빼고서도 2,500만 톤의 황금과 10만 톤의 백은을 탈취해 갔다. 스페인과 다른 방법을 택했던 영국이 인도에서 수탈해 간 경제적 가치를 살펴보면 약 9조 2천억 파운드, 우리 돈으로 환산하면 약 6경 원가량 된다고 한다.

이에 따라 무역과 산업이 발전하면서 필수 불가결한 요소인 노동력 확보가 급선무였다. 그래서 갑자기 노예산업이 전성기를 맞게 된다. 인류가 농경사회로 접어들면서 자연스럽게 만들어져 오랜 역사를 갖고 통상적으로 유지되어 온 노예제도이지만 그럼에도 수많은 원주민을 노예(奴隸)로 만들기 위한 침탈, 수탈하는 과정에서 피침략 지역의 사람들과 환경을, 나의 모습과 언어 종교가 다르다 할지언정 같은 인간임에도 사람과 환경에 그리도 잔인하게 할 수 있었다는 것을 그때의 시대상황과 정신을 지금의 사고로 판단해서는 안 된다 하여도, 우리는 현재 반면교사(反面教師) 삼아야 할 교훈이 아닌가 한다.

또한 그 당시에 노동력을 필요로 데려왔던 노예 등이 긴 역사 동안 토착

화되고 여러 가지 이유로 유입된 이방인(異邦人)들이 지금에 이르러서는 그 사회에 널리 퍼져 분포하게 되었다. 그러자 현재에 이르러서는 국가의 재정을 갉아먹는다며 사회문제의 요인인 양 여론을 의도적으로 호도하고 그들의 사회 시스템에 대한 저항과 소요(騷擾) 등을 질타(叱咤)하며 그에 따라 그들의 권리 요구를 무력화하는 정책을 만들려고 하는 움직임이 시도되고 있다. 이는 그들을 이용해 부를 축적해 선진제국으로 올라선 역사에서 그들이 일정 부분 역할을 하였던 과정과 그 결과물인 것으로 역사의 유산임을 망각하는 것이다. 이와 같이 폐쇄적 인간 중심의 독점적, 배타적, 실제적, 이기적, 인과론적(因果論的) 사유가 이 지구를 얼마나 망가트리고 있는지 우리 모두가 목도하고 있지 않은가?

우리들은 일상생활의 모든 영역에서 끝없는 선택의 순간에 있어서 내 마음속에서 대상과의 관계를 결정하고, 실생활에서 관계를 유지하며 겪게 되는 많은 갈등 상황에서 항상 '이것' 혹은 '저것'이라는 양분된 의식을 가지고 산다. 하지만 사실은 '이것'과 '저것'과 '이것도 저것도 아닌 것'도 있음을 『주역』의 원리와 양자역학 이론에서 배우고 있다.

이어서 좀 더 생각을 넓혀 보자.

> **우리는 양자론에서는 양자택일(兩者擇一)의 '예'와 '아니오'라는 대답만 있을 뿐 아니라, 다른 상보적(相補的) 대답도 있음을 알았어요. '예'와 '아니오'에 대한 확률이 규정되고 '예'와 '아니오' 사이에 진술가치를 갖는 그 어떤 간섭이 확**

정되지요.[7)]

나는 이것을 불교의 『금강경(金剛經)』에서 말하고 있는 "생각이 있는 중생, 생각이 없는 중생, 생각이 있는 것도 아닌 중생, 생각이 없는 것도 아닌 중생(若有想, 若無想, 若非有想, 若非無想)" 중에서 특히 **"생각이 있는 것도 아닌 중생(若非有想), 생각이 없는 것도 아닌 중생(若非無想)"**이 상보적 대상의, 핵심적 **인식의 확장**이라고 생각한다.

우리는 이것 아니면 저것, 좋아하지 않으면 싫어하는 것, 내편 아니면 상대편, 이 길 아니면 저 길, 웃지 않으면 화난 것, 사랑하지 않으면 미워하는 것 등의 개념에 익숙해져 있다. 그러다 보니 사회가 분열의 양상이 심해지고 있다고 생각한다.

그러나 불가(佛家)에 강조하는 쌍차쌍조(雙遮雙照)의 중도사상(中道思想)처럼 어느 쪽에도 치우치지 않음, 어느 쪽도 아니지만, 어느 편도 아닌 나(我)를 수시로 보고 느끼지 않는가? 항상 부모 편이지 않은 자식이거나, 무조건 내 편이진 않은 남편이거나 부인이거나 형제인 것처럼 나 또한 모습과 생각이 환경과 더불어 끊임없이 변하지 않던가? 이렇듯 0도 아니고 1도 아닌 동시에 0이거나 1로 존재하는 주체적으로 실존(實存)하는 그 무엇이 있다.

특히, 자연은 무위(無爲)로서 존재하듯, 아무것도 하지 않으나 그 무엇도 다하지 않은 경우는 없듯이 우리의 삶도 그래야 하지 않겠는가? 그러나 우리는 이념이든 생각함이든 행동함이든 끊임없이 선택을 강요받고

---

7) 하이젠베르크, 유영미 역, 『부분과 전체』, 서커스, 2019년.

강요하고 있다. 이런 상황들에 관해서 진지하게 다시 생각해 봐야 할 때이다.

우리들이 학교에서 공부할 때 헤겔을 잠시 배우면서 최소한 나는 헤겔(Hegel)의 삼단논법(三段論法)인 정(正), 반(反), 합(合)만을 단순하게 생각해서 일단 제일 먼저 하나의 생각이나 원리나 사실이 일어나서 정해지고, 이후 다시 그 반대의 경우나 생각이나 원리, 사실을 알게 되고 그러면 그 두 생각이나 사실을 물리적 개념으로 혼합하고 절충해서 다시 결론을 도출하는 것으로만 알고 있었다. 그러나 이제는 합(合)은 무한자인 정(正)과 유한자의 반(反)의 혼합(混合)이나 절충만이 아니라 무한자이며 신(神)인 정(正)과 신이 인간에게서 자기 분열한 유한자인 반(反))과 헤겔에 의해 '정신'으로 파악된 '성령'이라는 영역 안에서 인간과 다시 통일되는 합(合)이 정(正)과 반(反)이 연결되면서 화학적으로나 질적으로 새로운 것인 '영적'이라고 표현되는 생각과 정신이 생기는 것으로 끝나는 것이 아니라 **우리가 속해 있는 현실 속의 대상들과의 관계 속에서 만들어지는 결과로 생겨날 때만이 진정한 합(合)일 수 있다는 생각을 해 본다**.

이렇듯 우리는 관념/실재, 있다/없다, 과학/철학, 맞다/틀리다, 자연/문명, 이론/실천, 좋다/나쁘다, 크다/작다, 동양/서양, 물리학/생물학, 장애/비장애, 정신/물질, 무위/유위, 본성/양육, 감성/이성 등 양자택일적 환경과 사고 속에서 살고 있다. 그러나 자연은 양자택일의 이것이냐(either), 저것이냐(or)가 아닌 이것이거나 저것이거나(and) 혹은 둘 다일 수도 있음을 양자이론을 통해 배워야 한다. 그래서 우리는 끊임없이 갈등하고 비교하며 다투고 하지만, 진정으로 이 우주는, 이 지구는 그리고 인간의 삶은 그렇게 단순하지 않음을 새겨야 한다. 원천적으로 양자적 특성을 가진 이 모든 만물을 다 포함하는 물질세계와 정신세계의 원리가 상보적(相補的)이며 얽힘과 중첩의 확률적으로 존재하는 것이다. 그렇기 때문에 우리는 천지사방에 존재하는 모든 것들을 존중하고 이해하여야 한다. 인간의 생태와 자연의 생태를 같은 궤도에서 보는『주역(周易)』의 원리가 분명히 존재하고 그 존재하는 원리를 배우고 익혀 생활에서 끄집어내어 이 지구촌이 함께 상생할 수 있게 해야 하기 때문이다. 그리하여 크게는 지구촌, 작게는 우리나라에서 벌어지고 있는 극단적 분열 상태를 극복하고 한 단계 뛰어넘어 화합으로, 다시 하나로 분열이 극복되는 사회를 만들어야 한다고 생각한다.

자, 이쯤에서 대강 갈무리해 보자.

정리해 보면 **양자역학**은 물질의 가장 작은 구성 원자인 **입자가 발견되기 전에는 그 존재가 하나의 장소와 시간에 국한되는 것이 아니라 파동처럼 퍼져 있다는 것을 알려 준다**. 따라서 **입자로 본다면 그것은 확률적 해석(確率的解釋)**이지만, **파동으로 본다면 결정론적 해석(決定論的解釋)이다**. 그 확률이 어찌 될지는 결정되어 있다. 그렇기 때문에 **양자역학은 확실한 존재가 아니라 확률적 존재성을 다룬 최초의 물리학이다**. 존재가 존재성으로 확률로 표현될 때 어떠한 존재의 성질도 나타나지 않으며 그 존재의 확률을 대변한다. 그러하기에 우리는 생활 속에서 모든 것들과 마주할 때에 열린 생각과 열린 마음으로 가변적으로 유연한 자세를 유지하는 것이 바람직하다고 생각한다.

우리가 입자에 대한 실험을 하면 입자를 보게 되고 파장에 대한 실험을 하면 역시 파장을 얻게 될 것이다. 더 나아가 생각해 보자.

만약 파동에 대해 물어본다면? 당연히 파동에 대한 답을 얻게 될 것이다. 그렇다면 결국, 중요한 것은 각각 독립적으로 존재하는 한 개인의 관심사이고 질문이다! 무엇을 보고, 생각하고, 물어보느냐가 답을 결정한다. 주역점(周易占) 또한 그런 원리가 있다.

내가 맨 처음 운명 상담 관련 기초공부 할 때에 들었던 의문이 사주가 같은 쌍둥이들의 운명감정이었다. 이 문제를『주역』의 육효(六爻) 정단법(正斷法)을 배우고는 해소된바 그 원리를 양자역학을 통해서 다시 확인하니 참으로 기쁘고 보배롭다. 물론 뒷장에 칼 융의 동시성에서 다시 확인하게 된다.

∴ 어떤 것이 측정(測定)되기 전에는 아무것도 없으나 그 아무것도 있을 확률(確率)은 존재한다.

이와 같은 결론을 이야기할 때『주역』서문에 있는 글을 돌아볼 필요가 있겠다.

得之於精神之運心術之動(득지어정신지운심술지동)

정신의 단계적 운용과 마음의 움직임을 얻으므로

與天地合其德(여천지합기덕)

천지와 더불어 그 덕을 배우고

與日月合其明(여일월합기명)

일월과 더불어 그 밝음을 알며

與四時合其序(여사시합기서)

사시와 더불어 그 차례를 지키고

與鬼神合其吉凶然後(여귀신합기길흉연후)

귀신과 더불어 길흉을 합한 연후에야

可以謂之知易也(가이위지지역야)

비로소 가히 역을 안다 말할 수 있을 것이다.

『역경』제1괘(卦)의 주(註)를 보면 다음과 같이 나와 있다.

건(乾) 원형이정(元亨利貞)이라.

건(乾)을 거듭하여 乾이 되는 것은 乾이 하늘(天)이기 때문이다. 天은 하늘의 형체이며 乾은 하늘의 성정(性情)이다. 乾은 건(健)하기 때문에 건(健)하여 쉬지 않는 것을 乾이라 한다.

대저 하늘이란 오로지 말하면 도(道)이기 때문에 하늘은 또한 어기지 않고 바르다. 나누어서 말하면 형체(形體)로써 이를 하늘이라 하고, 주제(主宰)로써 이를 임금(帝) 이라 하고 공용(功用)으로써 이를 귀신(鬼神)이라 하고 묘용(妙用)으로써 이를 신(神)이라 하며 성정으로써 이를 건(乾)이라 한다.

『계사상전(繫辭上傳)』제5장에서는 **"음양불측지위신(陰陽不測之謂神, 음과 양을 측정할 수 없는 것을 일컬어 신이라 한다)"**라고 했다.

나는 이 『주역』 원문과 공자의 주석(註釋)에서 귀신(鬼神)이 등장하는 것을 이 지점에서 살펴보자면 가장 작은 물질의 기본 구성요소인 원자(原子)의 존재 방법과 존재의 표현방식인 원자의 성질, 그리고 변하는 운동방식에서 음양을 측정할 수 없는 귀신이라는 용어를 사용한 것이라고 본다. 지금껏 밝힌 바대로 양자역학에서 규정한 것과, 세상과 인간 그리고 그 둘과의 모든 이치를 밝힌 『역경(易經)』과 『역전(易傳)』의 모든 64괘 384효의 끊임없는 효(爻)의 움직임과 그 해석에 있어 단순한 하나로 규정할 수 없는 신묘함 역시 귀신과 같다고 말할 수 있다. 이러한 신묘함이나 양자 얽힘, 양자도약, 상보성, 불확정성, 이중성, 확률밀도 등의 확률적 존재성과 뒤에서 다루는 동시성 현상을 **하늘**이라고 하는 우주의 존재 방식과 생명 활동을 **귀신**이라는 표현으로 설명할 수 있기 때문이라고 본다.

사실 우리는 어려서부터 하얀 소복을 입고 머리를 풀어 헤치고 등장하는 모습으로 귀신이라는 개념을 접해 왔다. 서양에서는 좀 다르지만, 좀비나 드라큘라, 성경 속 천사나 사탄 등을 비슷한 느낌으로 생각해 왔다.

그러나 여기서 살펴본 바에 따르면 귀신은 다음과 같은 특성을 지닌다.

① 시간(時間)과 공간(空間)을 뛰어넘어 두 입자가 상호 작용한다는 **양자 얽힘**.

② 양자물체(量子物體)는 입자(粒子)로도 파동(波動)으로도 존재하고 행동한다는 **상보성**.

③ 관측당하지 않을 때와 관측당할 때 각 그 행동이 다르다는 **이중성**.

④ 원자는 불연속적(不連續的)으로 경로 없이 공명으로 순식간에 움직인다는 **양자도약**.

⑤ 관측량(觀測量)과 관측위치(觀測位置)를 둘 다 정확히 알아낼 수 없

다는 **불확정성**.

⑥ 원자의 존재방식이 확률적으로 존재한다는 **확률 밀도**.

이처럼 양자역학 이론에서 밝힌 양자적 특성이 지금까지의 고전역학에 익숙한 일반인들에게는 귀신이라 할 만한 이론 아니겠는가?

그리고 지금껏 우리가 생각해 온 서구의 천사나 사탄이나 동양의 귀신의 존재 방식과 같지 않은가?

이 이론이 등장하기도 전에 이미 동양철학에서는 귀신이라는 용어로써 양자역학 개념을 꿰뚫은 것이 아닌가 생각한다.

제 6 장

✴

라이프니츠의 이진법(二進法)과 『역경(易經)』

라이프니츠
(사진 출처 : 위키피디아)

라이프니츠(Gottfried wilhelm Leibniz)는 아이작 뉴턴과 같은 시대의 독일의 철학자이자 수학자요, 전 영역에서 학문적 업적을 이뤘으며, 무한소(無限小) 미적분(微積分)을 창시했고, 특히 디지털 컴퓨터의 기초가 되는 이진법을 최초로 고안한 기호논리학(記號論理學)의 선구자이다. 바로 이 이진법이 『역경』과 직·간접적으로 연관되어 있다.

그는 17~18세기에 신비한 중국문명에 끌려 중국문학과 고대철학 등 중국 문화를 서양에 알리는 데 앞장선 선교사 조이셍 부베(Joachin Bouvet) 등 예수회 선교사들과 서신을 통해 『주역(周易)』 8괘와 64괘를 접했다. 그는 『주역』을 진정한 철학과 신논리 및 수학의 표현이자 원천으로 해석하고 기독교와 과학 및 중국철학의 정합성(整合性, coherence)을 기독교 교리 중심으로 논증하려 했다. 1703년에는 유럽인으로는 최초로 『주역』에 관한 주석을 달았으며, 마침내 「이진법 산술에 관하여」라는 논문을 썼는데 부제가 “0과 1의 기호만을 사용, 그 효용 및 그것이 복희의 고대의 중국 괘상(卦象)이 주는 의미에 관한 고찰”이라 하여『주역』과의 관계를 인정했다. 1701년 2월 라이프니츠는 선교사 부베에게 보낸 편지에서 자신의 이진법을 상세히 설명했다. 이 편지를 읽은 부베는 라이프니츠의 이진법이 자신이 중국에서 보고, 연구하고 있는『주역』의 64괘와 너무 닮은 것에 놀라 1701년 11월 라이프니츠에게 이 사실을 알리는 편지를 쓰면서 64괘 방원도(方圓圖)도 함께 보내게 된다. 이 편지를 읽은 라이프니츠는 “사람들은 복희(伏羲)를 고대 중국의 군주로 보고 있으며 세계에 알려진 철학자로 그리고 중국 제국과 **동양과학(東洋科學)** 창립자로 믿고 있습니다. 이 역경의 그림(64괘 방원도)은 오늘날 세계에서 찾아낸 과학에 관한 **최고의 기념물입니다**”라고 하며 복희의 선천팔

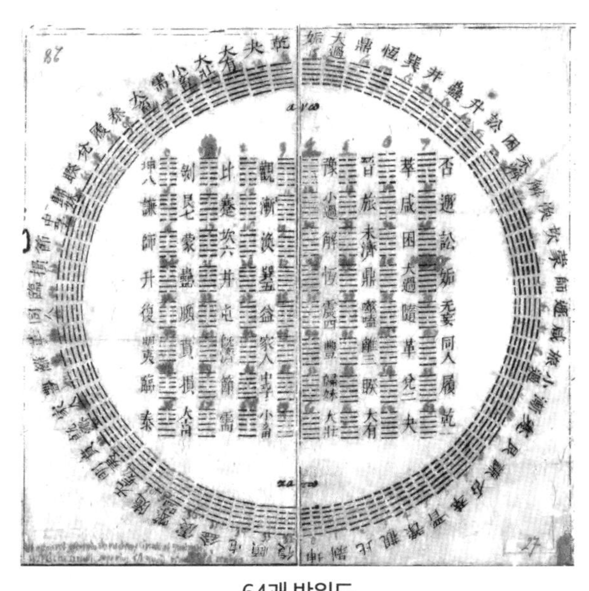

64괘 방원도
(사진 출처 : 위키피디아)

괘(先天八卦) 질서는 창조 이전의 절대적인 무(無, absolute nothing)를 묘사하는 유신론자였음을 함의하는 것이라 생각했다.

그는 무에서 어떤 것으로의 운동이 왜 '신(神)' 같은 제3의 용어를 함의한다고 보았는가? 그것은 존재와 절대적인 무(無)라는 그 둘의 외적(外的)이고 어떤 의도를 갖고 있는 움직임과 그 운동에 대한 근거와 맥락을 제공하는 것은 카톨릭 신자인 그로서는 신이라는 제3의 용어를 통해서만 정당화되고 설명될 수 있기 때문이라고 생각한 듯하다.

하지만 **왕필**은 사물들의 무(無)로부터 시작하는 자기생성(自己生成)과 창조성에 관해서 "변화와 변모의 도(道)는 목적의 감각에서 행위하는 것이 아니라 자생적으로 행동한다"라고 했다.

지극한 크리스천인 라이프니츠가 절대적인 무에서 생명 창조의 이치를 밝혀 둔 것을 보고 자기가 믿는 조물주의 뜻과 같이 그 뜻을 이어받았을 것이라 스스로 생각하여 복희씨가 유신론자였음을 추측했고, 『주역』을 성경적, 유신론적으로 해석하려 애썼다. 그렇게 추측한 논리적 근거인 제3의 용어는 지금 다룬 양자역학의 원리인 양자 컴퓨터의 큐빗에서처럼 **0**과 **1** 그 둘만이 아닌 그 둘과 **'0과 1이 중첩과 얽힘의 그 무엇인 양자적 특성'**이 신(神)의 개념을 대치할 수 있지 않을까 조심스레 생각해 본다.

『역경(易經)』에 대한 부베와 라이프니츠의 해석은 커다란 의미를 지닌다. 점(占)치는 책이었던『역경』이 원래 신비적 요소를 가지고 있기도 하지만 아직까지도 그 의미는 완전히 밝혀지지 않아서 후학들의 끊임없는 공부가 계속되어야겠지만, 음(陰)과 양(陽)의 기호로 이루어진 000000에서 111111까지의 변화로 64괘들이 분명한 이진법적인 성격을 가지고 있는 것은 사실이기 때문이다.

그러나 한 걸음 더 나아가 보면『주역(周易)』이 이진법의 원리를 뛰어넘는 0과 1, 양과 음의 양의가 무한한 변화를 새로이 창출(創出), 창발(創發)하는 이치가 있어 지금의 슈퍼컴퓨터와 양자생물학 등 인류의 모든 영역에서 일어난 일을 설명하고 있고 일어날 일을 가르쳐 주고 있다.

『주역』을 통해 고대 중국과 북만주, 요동 지역에서 살던 사람들과 라이프니츠가 가졌던 꿈이 **현대에 와서 컴퓨터를 통해 실현**되고 있는지 모른다.

제 7 장

✷

동시성적 (Synchronistisch) 원리 - 칼 구스타프 융 (Carl Gustav Jung)

칼 구스타프 융
(사진 출처 : 위키피디아)

융(Carl Gustav Jung)에 의하면 비(非)인과적 관련으로의 동시성 현상이란 아무런 인과관계가 없는 것처럼 보이는 서로 떨어진 두 위치에서 일어나는 두 사건에 대해 예를 들면 어떤 정신적인 사건과 어떤 물질적 사건이 마치 밀접한 관계가 있는 것처럼 의미 있게 동시에 벌어지는 현상을 말한다.

달리 표현하면, 『천부경』의 '일시무시일 일종무종일'과 같이 동시성은 원인이 결과가 되고, 결과가 다시 원인이 되기도 하여 원형(圓形)의 상호 피드백을 나타내고, 평등한 구조를 간접적으로 표상하는 우연의 일치(coincidence)적 사건에 대한 동아시아인들의 설명방식이라 한다.

영국 수상의 중국문화 수준에 대한 질문에 칼 융의 대답에서 동시성이라는 용어를 접하게 된다.

『역경』의 학(學)은 인과론(因果論)에 기초하고 있지 않습니다.
그것은 이제껏 우리에게 없었기 때문에 명명(命名)되지 못한
어떤 원리에 기초를 두고 있습니다.
나는 이 원리를 시험적으로 **동시성적**(synchronistisch) 원리라
고 명명해 보았습니다.[8)]

실제로 스웨덴 출신의 천체물리학자인 스웨덴 보그(Emanuel Swedenborg)는 1759년 7월 스웨덴의 겟덴보그에서 만찬에 참여하던 중 400km 떨어진 스톡홀름에서 발생한 화재를 정확히 묘사했다. 그 화재는 사실이었다. 그 외의 이러한 여러 가지 예는 생략하겠다.

우리들도 실제 생활에서 예지몽(叡智夢)이라든가, 처음 본 사람인데 익히 본 사람 같다든가 하는 느낌, 처음 온 곳인데 예전에 와 본 것 같다든가 하는 느낌 등등 이러한 경험을 한두 번쯤 해 봤을 것이다.

사실 물질세계에서 벌어지는 사건들 사이에는 인과관계가 성립된다. 즉 어떤 사건이 원인이 되어 다른 사건이 그 결과 사건으로 나타나게 되는 것이다. 이때 원인이 되는 사건과 결과가 되는 사건 사이에는 시간적, 공간적 제약이 있게 된다. '그런데 어찌 동시성 현상이 일어나는가?' 하는 의문에 칼 융은 다음과 같이 주장한다. "**물질세계와 달리 정신세계에서 벌어지는 사건들 사이에는 이러한 시간적, 공간적 인과관계가 없기 때문에 가능한 일이다.** 더불어 이때의 정신은 '**무의식(無意識)**'으로 감각과 경험을 통해 세계를 부분적으로 명료하게 인식하는 의식과 달리, 무의식은

---

8) 리하르트 빌헬름, 이유경 역, 『황금꽃의 비밀』, 문학동네. 2022년.

세계를 명료하지는 않지만 전체적으로 인식한다." 하여 "무의식은 의식이 바른 방향으로 진행하도록 암호와 메시지를 계속 보낸다"라고 말한다. 다시 말하면 **무의식의 세계는 시공간의 차원을 넘어서 있다는 것이다**.

미국 출신 이론물리학자인 데이비드 봄(David Joseph Bohm)은 우주는 불확정적이지 않다는 신념하에 미시세계의 물질은 넓은 영역에 걸쳐 확률적으로 존재하며 특정 위치에서 발견될 확률과 특정 운동량을 가질 확률이 다르게 계산되는 이유로 위치와 운동량을 동시에 관측할 때 둘 사이의 정확도에는 물리적 한계가 있다고 했다. 그러므로 확률적 결정론이라 하는 불확정성 원리를 반대했으며, 이 우주는 부분들의 단순한 조합이 아니라 유기적 통일체이며 우주 만물은 개별적 실체성을 갖지 않고 전일적인 흐름 속에서만 파악될 수 있다고 보았다. 즉 에너지, 마음, 물질 등 우주에 존재하는 모든 것이 초양자장으로부터 분화된다고 보고 초양자장 개념에 의해 파동과 입자의 이중성을 변증법적으로 통합하고자 했다.

데이비드 봄
(사진 출처 : 위키피디아)

그리하여 연구를 통해 초양자장 개념을 만들어 다음과 같은 결론을 도출했다. 입자 A와 B가 시간적, 공간적으로 100만 광년 떨어져 있지만 다른 차원으로 보면 우주에 있는 모든 물질들은 서로 질서 있게 연결되어 있으며 우주도 서로 연결되어 있다고 했다. 여기서 작용하는 질서를 **숨겨진 질서**(Implicate order)라고 했다.

데이비드 봄의 양자 이론은 전자의 운동에너지의 출처를 규명하기 위해 **초양자장(Super quantum field)** 혹은 **초양자 파동(Super quantum wave)** 개념을 만들었다. 물질은 원자(原子)로, 원자는 소립자(素粒子)로, 소립자는 파동(波動)으로, 파동은 다시 초양자장(超量子場)으로 환원될 수 있다는 이론이다. 파동은 관측되기 전에도 확실히 존재하는 것이며, 파동이 모여서 다발(Packet)을 형성할 때 입자가 되는 것이며, 파동의 출처는 우주의 허공을 꽉 채우고 있는 "초양자장(Super quantum field)"이라 했다. 물론 이 이론은 1982년 프랑스의 과학자 알랭 에스페(Alain Aspect)에 의해 실험적으로 증명되었으며 그 결과는 **공간적으로 분리된 두 실재가 상관성을 띠고 있으며 서로 작용이 있다는 걸 밝혔다**. 더 나아가 세계는 근본적으로는 상호 간의 유기적인 관계로 잘 짜여 있는 비국소적(Non local), 일원론(Monism)적 세계라는 걸 밝혔다.

『천부경』(天符經)에 다음과 같은 말이 있다.

> 일시무시일(一始无始一)
> 도는 하나라. 하나에서 비롯되나 하나에서 비롯함도 없다.
> 일종무종일(一終无終一)
> 하나로의 마침도 그 하나의 마침도 없다.

이 글의 깊은 뜻은 데이비드 봄의 초양자장론에서 밝힌 바대로 도(道)는 시간적으로 공간적으로 유기적으로 관계를 맺으며 시작도 끝도 없이 영원함을 말해 주고 있다. 하나에서 시작하나 하나도 아니요, 시작도 끝도 없이 영원하게 순환하는 도의 이치를 밝힌 것이다.

이러한 실험적 결과는 결론적으로 동양의 세계관과 맞아 떨어지는 것으로 **칼 융은 주역 사상을 높게 평가한 이유 중 하나로 『주역』에는 자신이 주장한 동시성 개념이 포함되어 있으며 동시성의 근거를 제공한 학문이기** 때문이라고 하였다.

데이비드 봄의 양자이론은 다음과 같은 3가지 결론을 도출한다.

① 우주의 허공은 초양자장(超量子場)으로 충만하다.

② 초양자장으로 충만한 우주는 하나(oneness)로 연결되어 있는데 이것을 비국소성 원리(non-locality principle)라 한다.

③ 우주 존재는 초양자장으로부터 분화(分化)하며 그 존재는 정신계(精神界, 의식계), 에너지계(energy界), 물질계(物質界)로 나뉜다. 의식계는 에너지계에서 만들어진 에너지가 중첩되어 소립자(素粒子)가 만들어지고 의식(意識)이 된다. 또한 에너지계는 초양자장으로부터 중첩되어 파동이 되고 파동이 중첩되어 에너지가 되며, 물질계는 초양자장 → 파동 → 에너지 → 소립자로 바뀐다. 이 소립자가 중첩되어 원자가 되고 원자가 중첩되어 분자(分子)라는 물질이 된다.

따라서 에너지, 마음(意識), 물질 등은 동일한 질료(質料)로부터 만들어진다.

이 지점에서 전술한 성리학(性理學)의 이기론(理氣論)에 대한 나의 생각을 나름 정리해 보면, 57세의 퇴계 이황 선생과 32세의 고봉 기대승 선생의 13년간의 120여 통의 열띤 편지 토론에서 밝힌 고봉의 주장인 이(理)와 기(氣)를 사단과 칠정의 둘로 나눌 수 없으며 한 가지에 근원(理氣一元)을 두고 있으며 그 발현의 모습은 이와 기가 동시에 발하는 이기공발(理氣共發)로 주기론(主氣論)에 입각한 이기일원론(理氣一元論)에 가깝다고 봐야 할 듯하며 이이의 기발이승일도설과 조금은 다른 생각이다.

데이비드 봄의 이 이론으로 칼 융의 동시성 이론을 뒷받침하며 나아가 융이 주창한 **동시성의 원칙이 포함된 서양과학의 인과율(因果律)과 배치되는 주역점(周易占)의 신비로운 현상을 뒷받침한다**.

더불어 융의 동시성 이론을 물리학적으로 해명하는 데 큰 일조를 한 융 디안 빅터 만스필드(Victor Mansfield)는 EPR의 사고실험과 양자 파동(量子波動)과 데이비드 봄의 숨겨진 질서(Implicate Order)와 동시성 현상과의 관련성을 깊이 논의하면서 인간의 내적인 정신의 영역을 양자 파동(Quantum Wave)의 영역으로 해명하였다. 또한 현대 물리학의 입장에서 초심리학(超心理學)적인 현상은 자연법칙의 비인과적(非因果的) 표현들이라고 함으로써 **초심리학을 자연법칙의 일부로 편입**시켜 놓았다.

칼 융은 인간의 시공간(時空間)의 관념과 인과론이 모두 완전한 것이 아니며, 하나의 완전한 세상을 그려 낼 때에는 이전의 관념과 다른 차원으로 확대되어야 할 것임을 제시하면서 시간, 공간, 인과론을 지닌 인간의 세계가 그 배후에 또는 그 이면에 있는 사물의 다른 질서에 관련되며, 그곳에서는 '여기/저기', '이전에/뒷날에'라는 구별도 중요하지 않음을 강조한다.

동시성은 철학적 견해가 아니라, 인식에 필요한 원리를 제시하는 경험적 개념이며 물질주의나 형이상학도 아니다. 이미 경험과학으로서의 심리학 안에서만 논의될 수 있는 수위를 훨씬 넘어 버린 매우 중대한 신학적, 형이상학적 함의를 담고 있다.

신학적으로는 신 인식에 관한 신론(神論)과 닿아 있고, 형이상학적으로는 주체와 대상 사이의 인식지평을 논의하는 인식론, 주체와 주체 사이의 정체성과 관계성을 논의하는 관계론, 또한 주체를 근거 짓는 세계와의 관계 속에서의 존재론과 닿아 있기 때문이다.

지금까지 살펴본 바 칼 융이 주는 의미를 꼽아 보자면 **첫째, 우리의 의식이 우리의 중심이 아니다.** 우리는 자아(自我)의 세계가 전부라고 착각하며 살아간다. 왜냐하면 자기가 믿고 있는 세계와 같이 설명되지 않는 세계는 존재하지 않는다고 생각하는 오류를 범하고 있기 때문이다.

둘째, 우리 세계는 설명 가능한 세계만이 전부가 아님을 말한다. 우리의 불완전한 이성으로는 마음의 전체를 파악할 수 없음을 인정해야 한다. '비합리적인 것'은 모르는 것이나 인식되지 않는 것을 의미하지는 않는다. 오히려 눈에 보이지는 않고 설명되지 않는 세계가 우리 가까이 있고 그 세계가 우리를 인도한다는 것 또한 인정해야 한다.

셋째, 모든 인간 심성의 뿌리는 저 깊은 무의식(無意識)의 세계, 전체의 세계와 닿아 있다. 때문에 우리의 세계는 우주를 닮아 있다. 우주론에서 **빛은 어둠의 부재(不在)**로 정의하듯 밝은 것이 당연한 것이 아니라는 것처럼 우리의 생은 불멸의 무한한 세계가 유한한 세계 속으로 뛰어든 사건이다. 영원한 세계인 무의식의 세계가 뚜렷하게 나타난 각자의 소중한 삶인 것이다.

위의 세 가지 요약에 따른 결론을 통해 칼 융의 말을 빌리자면 "동양의 미래를 예측하는 수많은 술법은 매우 **과학적인 음양 변화의 논리체계를 가지고 있기 때문에 동양의 역(易)에 의한 미래 예측은 양자화(量子化)된 시간이라는 물리량에 기초한 의식의 파장을 가지고 시공간(時空間)의 차원이동(次元移動)에 의한 동시성의 개념에 의해 다른 차원 즉, 미래의 정보를 가져오는 작업**"이라는 것이다.

마지막으로 칼 융(Carl Gustav Jung)의 『무의식의 심리학』, 『분석 심리학』, 『황금꽃의 비밀』, 리하르트 빌헬름의 『주역(I Ching)』에 칼 융이 쓴 「서문」 그리고 그의 자서전 등에서 『주역』의 64괘는 64가지의 다양한 그러나 전형적인 상황의 의미를 결정하는 도구로써 8괘나 64괘가 상태함수(狀態函數)와 유사한 개념으로, 서양과학에 기초를 둔 힘 '力' 자 역학(力學)과 변화할 '역(易)' 자 역학(易學)에 의한 미래나 사물에 대한 예측의 방법이 결과적으로 다르지 않음을 지적하고 있다.

서양과학의 인과론적인 방법은 실험적, 물질적 증거가 필요하다는 전제하에 실험의 재현성을 위하여 반복실험(反復實驗)이 가능하나 동양의 역학(易學)과 동시성의 개념은 고유하면서도 반복될 수 없는 일회적인 상황이기에 반복이 가능하지 않다는 점이 다르다. 따라서 과학은 실험적, 물질적 증거가 필요하다는 '증명의 재현성(Controlled Experiment)'을 중요시하는 서구 지향적인 사람들에게는 이런 절차가 분명 호소력을 갖지 못할 것임을 잘 알고 있었다.

때문에 이러한 서구적인 학문에 경도된 학자가 동양의 역(易)과 같은 전승지식을 이해하기 위해서는 서구인의 정신세계에 몰입되어 있는 편견을 벗어던지지 않으면 안 될 것이다.

칼 융은 『황금꽃의 비밀』에서 동양의 학문 특히 『주역』에 관하여 다음과 같이 현실적 인식방법의 핵심을 찌르고 있다.

> **생명을 통하여 이해하고 있는 동양**이 있다. 우리는 이런 동양의 것을 단지 종교적인 표현방식에서 비롯된 아련한 그림자 같은 심정상태로서 이해하고 있다. 이렇게 동양적 '지혜'를 인용부호 안에 집어넣으면서, 신앙(信仰)과 미신(迷信)이라는 모호한 영역으로 추방해 버린다. 이로써 결국 동양적인 '사실성'은 전적으로 잘못 이해되어 버린다.[9]

지금은 오히려 동양 사람인 우리가 서양학자인 칼 융의 지적을 새겨들어야 할 지경에 이르렀음이 안타까울 뿐이다.

지금까지 짧지 않은 시간 상담을 하다 보면 실제로 위와 같은 경험과 임상이 대부분이다. 묻는 사람의 질문에서 질문자 상대방의 생각이나 형편, 원하는 곳의 지형이나 가치, 어릴 때 봤던 곳의 땅속의 실제 모습까지 말하지 않아도 알 수 있거나 혹은 서양의학에서 발견되기 전의 병증이 있는 곳을 알아내거나, 의학으로 해결되지 않는 증상이 해결되는 것 등 필설로

---

9) 리하르트 빌헬름, 이유경 역, 『황금꽃의 비밀』, 문학동네. 2022년.

는 다 형용할 수 없는 많은 것들이 실재하기에 이 글을 쓰기 시작했고 이 지점에 와서 비로소 그것들이 분명하게 이유 있는 현상이요, 진단이었음이 명명백백해지고 깨닫게 되니 참으로 기쁘고 밝다.

제 8 장

✶

『역경(易經)』 개요(概要)

『역경(易經)』은 우주 존재의 원리와 변화하는 운동법칙을 밝히고, 세계 만물과 인간의 생장소멸(生長消滅)의 변화의 영역인 천문(天文), 지리(地理), 인사(人事)의 원리를 기술한 책이다. 자연 현상에 내재된 물리적인 의미인 괘상(卦象)의 **상(象)**과 이러한 상을 숫자로 표시한 서수(筮數)의 **수(數)**, 그리고 길흉 판단을 하는 괘효사(卦爻辭)의 **사(辭)**가 포함된 점서(占書)이면서 경전이다.

경전은 첫 번째 괘 건위천(乾爲天)에서 30번째 괘 이위화(離爲火)까지 30괘 상경(上經)과 31번째 괘 택산함(澤山咸)에서 64번째 괘 화수미제(火水未濟)까지 34괘 하경(下經)으로 이뤄져 있다.

그 변천사를 말하자면, 서기전 2000년 하(夏) 왕조 시기에 간(艮) 괘를 머리로 한 연산역(連山易)이 있었고, 그 후엔 상(殷, 商)나라 시기에 곤(坤) 괘를 머리로 하는 귀장역(歸藏易)이 있었으며 마침내 주(周)나라 대에 이르러 건(乾) 괘를 머리로 하는『주역(周易)』까지 많은 증보(增補)가 이루어지다 지금의 64괘와 그 괘사(卦辭) 그리고 384효와 그 효사(爻辭)인 경(經)과 십익(十翼)이라 하는 전(傳)의 체계로 갖추어져 지금에 이르고 있다.

역에는 세 가지 의미가 있다.

① 간역(簡易) : 만물의 생장소멸(生長消滅)의 자연법칙이 간단(簡單)하고 평이(平易)하다는 의미.
② 변역(變易) : 음양(陰陽) 사계(四季)의 흐름처럼 만물이 끊임없이 변한다는 의미.
③ 불역(不易) : 만물은 변하지만 그 일정한 법칙은 변하지 않는다는 의미.

『주역(周易)』 편찬사(編纂史)

공자는 8괘의 생성 이치를 다음과 같이 밝혔다.

『계사상전(繫辭上傳)』 제11장

시고 천생신물 성인즉지 천지변화 성인효지 천수상 견길흉 성인상지 하출도 낙출서 성인즉지(是故 天生神物 聖人則之 天地變化 聖人效之 天垂象 見吉凶 聖人象之 河出圖 洛出書 聖人則之)

이러한 이유로 하늘이 신령스런 물건을 내렸으니, 성인이 그걸 이용하는 법을 만들고, 천지가 변하니, 성인이 이를 본받고, 하늘이 상을 드리워 길흉을 나타내니, 성인이 이를 본뜨며, 황하에서 그림이 나오며, 낙수에서 글이 나오니 성인이 이를 법칙으로 하였다.

상고시대(上古時代)의 중국 삼황(三皇) 중의 하나요, 사마천의 『사기』에 동이족(東夷族)이라고 기술한 태호복희(太昊伏羲)씨가 문자가 없던 시기에 하늘에서 상(象)을 관찰하고 땅에서 법(法)을 살피고 새와 짐승의 무늬와 땅의 마땅함을 살펴 가까이는 자기 몸에서 취하고 멀리는 사물에서 취해 괘상(卦象)이라는 부호 형태로 우주의 이치를 8괘로 지어 설명했다. 이는 음양론적 측면에서 천도(天道)의 상생(相生)하는 **이치**로서 수리(數理)를 북쪽에 1, 6을, 남쪽에 2, 7을, 서쪽에 4, 9를, 동쪽에 3, 8을 그리고 중앙에 5, 10을 배열한 것으로 생명의 탄생 기운인 물을 중심으로 우(右)로 돌면서 수생목(水生木) → 목생화(木生火) → 화생토(火生土) → 토생금(土生金) → 금생수(金生水) 하는 **상생의 이치**를 표현한 이것을 **선천 8괘(先天八卦)**라 한다.

이는 우주에서는 하늘과 땅이, 인간에게는 물과 불이 중심이라는 사상을 내포하고 있는 것으로, 『설괘전(說卦傳)』 제3장에 "천지정위 산택통기 뢰풍상박 수화불상사 팔괘상착 수왕자순 지래자역 시고 역역수야(天地定位 山澤通氣 雷風相薄 水火不相射 八卦相錯 數往者順 知來者逆 是故 易逆數也)", 즉 "하늘과 땅이 자리가 정해지고 산과 못이 서로 기가 통하며 우레와 바람이 서로 부딪히며 물과 불이 서로 해치지 않으며 8괘가 서로 섞이어 64괘가 된다. 지난 일을 헤아리는 것은 순하고 오는 것을 아는 것은 역하는 것이니 고로 역은 거슬러 올라가며 미래를 헤아리는 것"이라고 정의했다.

북(北)쪽에 음(陰)인 곤(坤)으로 땅(地)과 가족으로는 어머니를, 북동쪽에 양(陽)인 진(震)으로 우레(雷)와 가족으로는 큰아들을, 동(東)쪽에 음(陰)인 리(離)로 불(火)과 가족으로는 둘째 딸을, 동남쪽에 음(陰)인 태

(兌)로 연못(澤)과 가족으로는 막내딸을, 남(南)쪽에 양(陽)인 건(乾)으로 하늘(天)과 가족으로는 아버지를, 서남쪽에는 음(陰)인 손(巽)으로 바람(風)과 가족으로는 큰딸을, 서(西)쪽에는 양(陽)인 감(坎)으로 물(水)과 둘째 아들을, 서북쪽에는 양(陽)인 간(艮)으로 산(山)과 가족으로는 막내아들을 배치했다.

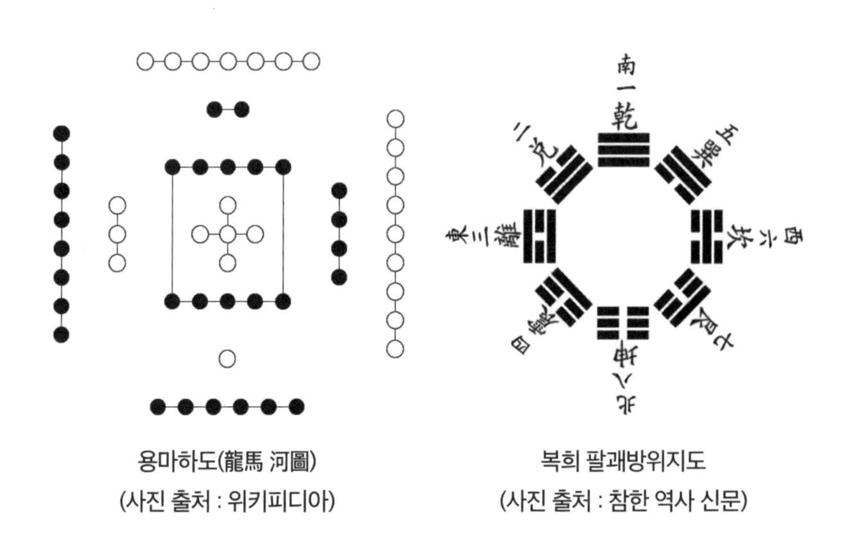

용마하도(龍馬 河圖)
(사진 출처 : 위키피디아)

복희 팔괘방위지도
(사진 출처 : 참한 역사 신문)

중고시대(中古時代) 은말(殷末) 주초(周初) 시기에 주 문왕(文王)이, 우(禹) 임금이 치수 사업기간 중 낙수(洛水)에서 거북이 등껍질에 새겨진 문양에서 얻어진 오행론적 측면의 땅의 도리(地道)인 상극(相剋)의 이치로 북쪽 물을 기준으로 왼쪽으로 돌면서(左旋) 1, 6 수극화(水克火) → 서쪽 2, 7 화극금(火克金) → 남쪽 4, 6, 9 금극목(金克木) → 동쪽 3, 8 목극토(木克土) → 중앙 5 토극수(土克水)의 수리배열을 하여 그 합이 45이고 각각의 종횡대각(縱橫對角)의 합이 15인, 낙서(洛書)의 수리(數理)를 바탕으로 **후천 8괘(後天八卦)**를 지었는데 64괘도 연역(演繹)하였으며 각 괘사(卦辭)를 지었다.

공자(孔子)는 『설괘전(說卦傳)』 제4장에 후천 8괘의 이치를 다음과 같은 말로 전한다.

> 제출호진 제호손 상견호리 치역호곤 설언호태 전호건 로호감 성언호간(帝出乎震 齊乎巽 相見乎離 致役乎坤 說言乎兌 戰乎乾 勞乎坎 成言乎艮)
> 천제가 진에서 나와서 손에서 가지런히 하고, 리에서 서로 보고, 곤 에서 역사하고, 태에서 기뻐하고, 건에서 싸우고, 감에서 수고롭고, 간에서 이룬다.

북(北)쪽에 양(陽)인 감(坎)으로 물(水)을, 북동쪽에 양(陽)인 간(艮)으로 산(山)을, 동(東)쪽에 양(陽)인 진(震)으로 우레(雷)를, 동남쪽에 음(陰)

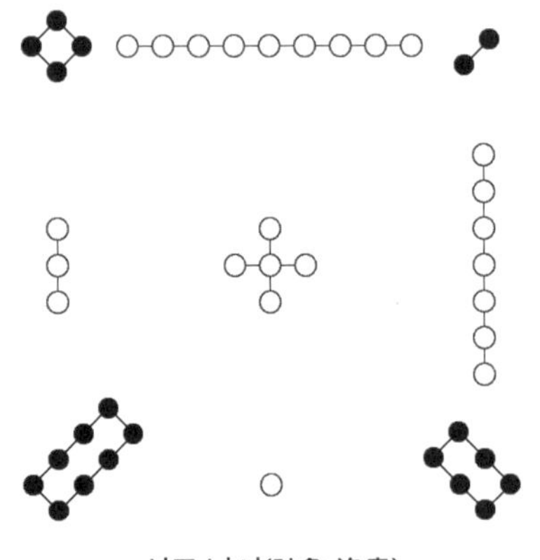

신구 낙서(神龜 洛書)
(사진 출처 : 위키피디아)

인 손(巽)으로 바람(風)을, 남(南)쪽에 음(陰)인 리(離)로 불(火)을, 서남쪽에는 음(陰)인 곤(坤)으로 땅(地)을, 서(西)쪽에는 음(陰)인 태(兌)로 연못(澤)을, 서북쪽에는 양(陽)인 건(乾)으로 하늘(天)을 배치했다.

이는 시간적, 공간적 변화와 그 사이의 만물의 생멸(生滅)하는 이치, 즉 우주와 지구의 상관관계를 음양오행의 변화로 정립시킨 것이다. 이후 문왕의 아들 주공(周公)이 384효(爻)에 효사(爻辭)를 지었다. 이를 **경(經)**이라 한다.

하고시대(下古時代) 주말(周末), 춘추시대에 공자(孔子)가 경(經)에 해설서인 『단전(彖傳)』 상 · 하, 『상전(象傳)』 상 · 하, 『계사전(繫辭傳)』 상 · 하, 『문언전(文言傳)』, 『서괘전(序卦傳)』, 『설괘전(說卦傳)』, 『잡괘전(雜卦傳)』, 이렇게 십익(十翼)을 지었다. 이를 **전(傳)**이라 한다.

문왕 팔괘방위지도
(사진 출처 : 참한 역사 신문)

『주역』의 작자(作者) 문제는 논란의 여지가 많이 있어서 지금까지도 여러 설이 존재한다. 시력삼고(時歷三古), 인경사성(人經四聖)이라 상고시대(上古時代) 복희(伏羲)가 팔괘와 64괘를 짓고, 중고시대(中古時代) 문왕이 64괘사(卦辭)를 짓고, 그의 아들 주공(周公)이 384효사(爻辭)를 지었으며, 하고(下古) 춘추시대 공자(孔子)가 십익(十翼)을 지었다 하는 설에서부터 신농(神農)씨 얘기도 있으며, 십익의 전(傳) 부분은 전국시대 말기에서 진(秦)·한(漢)대에 많은 학자들이 지었다는 설 등 다양한 의견들의 고서(古書)들이 있으며, 마왕퇴에서 발견된『백서주역』, 죽간본인 백서본(帛書本) 등 계속 발굴되는 자료들로 인해 더욱 복잡해지는 양상이다. 그러나 기독교의 공인, 비공인 성경이나 불가의 여러 경전들, 그리고『노자』,『장자』,『한비자』,『황제내경』,『산해경』등 작자 미상의 많은 귀한 경전들의 값어치는 작자의 분명함과는 전혀 다른 차원의 문제이다.

동양의 모든 종교에 제각기 스며들어 웅변하고 있는『주역(周易)』의 가치는 변함없이 우뚝하다. 다산(茶山) 정약용은『한서(漢書)』「예문지」에서『주역』을 반고(班固)가 제기하고 복희씨(伏羲氏)가 8괘를, 그리고 문왕(文王)이 64괘와 괘효사(卦爻辭)를 짓고, 공자(孔子)가 역전(易傳)인 십익(十翼)을 지어 경문(經文)을 해석했다는 것을 들어 "이 둘 간의 시간차가 수천 년일 수 있다"라는 점을 거론했다.

『주역』의 64괘는 다음과 같다.

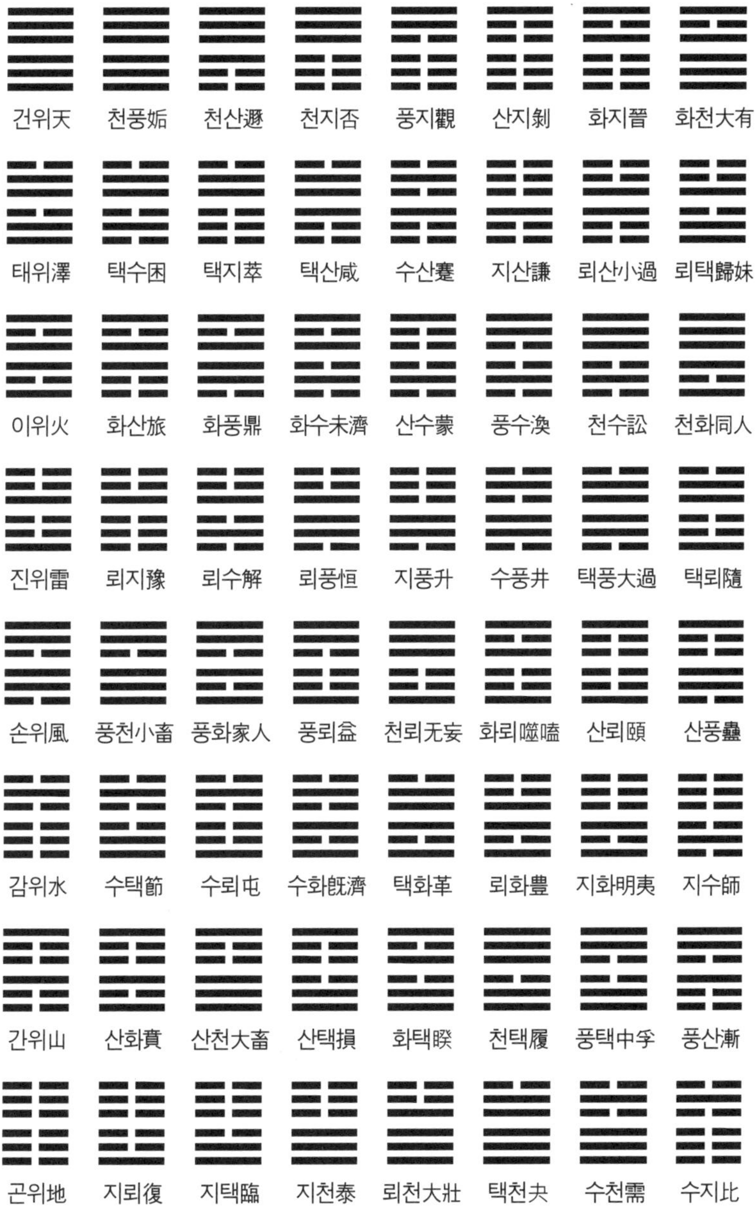

건위天 천풍姤 천산遯 천지否 풍지觀 산지剝 화지晉 화천大有

태위澤 택수困 택지萃 택산咸 수산蹇 지산謙 뢰산小過 뢰택歸妹

이위火 화산旅 화풍鼎 화수未濟 산수蒙 풍수渙 천수訟 천화同人

진위雷 뢰지豫 뢰수解 뢰풍恒 지풍升 수풍井 택풍大過 택뢰隨

손위風 풍천小畜 풍화家人 풍뢰益 천뢰无妄 화뢰噬嗑 산뢰頤 산풍蠱

감위水 수택節 수뢰屯 수화旣濟 택화革 뢰화豊 지화明夷 지수師

간위山 산화賁 산천大畜 산택損 화택睽 천택履 풍택中孚 풍산漸

곤위地 지뢰復 지택臨 지천泰 뢰천大壯 택천夬 수천需 수지比

제 9 장

✴

명리학(命理學) 개요(概要)

제1절. 역법(曆法)의 기원(起源)

명리학은 하늘의 명(命)으로 사람이 태어난 시점의 연월일시에 첫 호흡을 할 때 전해진 우주의 기운을 10가지의 천간(天干)과 12가지의 지지(地支)가 표방하는 자연환경인 천문(天文), 지리(地理), 방위(方位)의 공간 개념과, 24절기 사시(四時) 12개월의 시간 개념을 음양오행으로 구분하여 이를 역법(曆法)에 적용시켜 자연과 인간 인간과 인간의 관계를 통한 운명을 분석하고 적용하는 학문이다.

그중 우리가 잘 살펴보지 않는 사항이 있다. 그것은 바로 사주팔자(四柱八字, 태어난 연월일시로 만드는 천간지지의 조합)의 60갑자 조합이 어느 기점에서 출발하느냐 하는 것이다.

먼저 학술적으로 완벽하게 검증, 공인된 사실이 없기 때문에 여러 기록들 중 류경 님과 좌우간 님의 블로그 글을 발췌, 요약하여 여기에 소개한다.

간지(干支)의 기원은 약 4,000년 전 동이족이 세운 상(商) 왕조 시대 은(殷)나라 때 갑골문(甲骨文)에 표기가 등장하는 것으로 보아 그 시기로 보인다. 이후 주(周)나라를 거쳐 날(日)의 기록이 사용됐고 한(漢)나라 때

태세(年)의 표기가 사용되었다. 이런 점을 미루어 한대(漢代) 이후 비로소 사주팔자를 기록했을 것으로 판단한다.

다음으로 중국에서 최초의 역법(曆法)은 황제(黃帝)로부터 시작됐다 하며 춘추전국 시대(春秋戰國時代) 이전에는 목성(歲星)의 공전 주기를 기준으로 하는 기년법(紀年法)을 사용했다. 이후, 사마천의『사기』에 의하면 BC 104년 음력 11월 1일 동지(冬至)를 고정한 후 갑자일로 하는 태초력(太初曆)을 선포했다고 한다. AD 85년 후한(後漢) 장제(章帝) 때 태초력의 연과 월을 바꾸어 60간지의 순서로 햇수를 표시하여 사분력(四分曆)으로 선포하였다. 이것을 간지기년(干支紀年)으로 사용한 이후 입춘(立春)을 한 해의 시작으로 60갑자(甲子)로 기년하는 간지기년법(干支紀年法)으로 자리 잡아 많은 수정, 보완을 거쳐 지금에 이르고 있다.

정리해 보면 현재의 60간지 간지력(干支曆)은 사분력을 기준으로 BC 2698년 음력 11월 1일을 기준으로 하는 연, 월과 BC 104년 음력 11월 1일을 기준으로 하는 일, 시의 간지가 결합한 형태일 것이다.

결국『사기』의 기록을 근거로 하면 사분력(四分曆)이 연, 월의 기준으로 삼은 **최초의 갑자년은 BC 2697년일 가능성이 높다**.

하여 사분력(四分曆)으로 표시해 보면 아래와 같다.

황제력(黃帝曆) : BC 2698년 음력 11월 1일

○ 戊 甲 甲

○ 子 子 子 가 되고,

태초력(太初曆) : BC 104년 음력 11월 1일

甲 甲 甲 甲

子 子 子 寅 가 되며,

AD 85년 태초력을 사분력으로 표시하면

甲 甲 庚 丙

子 子 子 子 가 된다.

현재 이용되는 만세력은 서력기원법(西曆紀元法)에 절기(節氣)의 변화를 구분한 간지력(干支曆)을 삽입한 것이다.

제2절. 명리학의 구성(構成)

여기서는 명리학의 내용을 구체적으로 설명하는 것은 다음으로 미루고, 명리학이란 학문이 어떻게 구성되어 있는지만 살펴볼 것이다.

1. 음양오행론(陰陽五行論)

음양오행과 관련된 이론체계는 전한(前漢) 시기 유학자 동중서(董仲舒)가 음양오행론의 경전이라 할 만한『춘추번로(春秋繁露)』라는 책을 지어 확고하게 정립시켰다.

음양오행론에서 음양론은『역경(易經)』에 근거를 두고 있으며 동양 사상의 중요하고 기본적 사상이다. 오행론은 기원전 4세기경 土, 木, 金, 火, 水의 상극(相剋)의 원리로 나타난 후 한대(漢代)에 木, 火, 土, 金, 水의 상생(相生)의 개념으로 변화했다.

명리학에서는 사주 전체의 음양의 세기와 균형(均衡)을 살피고 오행 상호 간의 생극제화(生剋制化), 왕상휴수사(旺相休囚死), 결손(缺損), 태과(太過) 등을 따져 분석한다.

2. 사주 세우는 법

① 연주(年柱) : 한 해의 시작인 입춘(立春)절기일, 입춘시(時)를 기준으로 한다.

② 월주(月柱) 세우는 법 : 절기를 기준으로 하되 연두법(年頭法)을 따른다.

- 갑기지년(甲己 之 年) : 병인두(丙寅頭)
  첫 번째 천간 갑과 여섯 번째 천간 기로 시작하는 해에는 1월의 시작을 병인 월부터 시작한다.
- 을경지년(乙庚 之 年) : 무인두(戊寅頭)
  천간이 을(乙)과 경(庚)으로 시작하는 해에는 무인 월부터 시작한다.
- 병신지년(丙辛 之 年) : 경인두(庚寅頭)
  천간 병(丙)과 신(辛)으로 시작하는 해에는 첫 달을 경인 월부터 시작한다.
- 정임지년(丁壬 之 年) : 임인두(壬寅頭)
  천간이 정(丁)과 임(壬)으로 시작하는 해에는 첫 달을 임인 월부터 시작한다.
- 무계지년(戊癸 之 年) : 갑인두(甲寅頭)
  천간 무(戊)와 계(癸)로 시작하는 해에는 첫 달을 갑인 월부터 시작한다.

③ 일주(日柱) 세우는 법 : 요즈음은 그냥 편하게 만세력의 해당 날짜의 간지(干支)를 찾는다.

④ 시주(時柱) 세우는 법 : 현재의 동경(東京) 시가 아닌 현재 시에서 30

분을 뺀 시간을 기준으로 둔시법(遁時法)을 쓴다.

- 갑기지일(甲己 之 日) : 일주(日柱)의 천간이 갑(甲)과 기(己)인 경우 갑자 시(甲子 時)부터 시작한다.
- 을경지일(乙庚 之 日) : 일주(日柱)의 천간이 을(乙)과 경(庚)인 경우 병자 시(丙子 時)부터 시작한다.
- 병신지일(丙辛 之 日) : 일주(日柱)의 천간이 병(丙)과 신(辛)인 경우 무자 시(戊子 時)부터 시작한다.
- 정임지일(丁壬 之 日) : 일주(日柱)의 천간이 정(丁)과 임(壬)인 경우 경자 시(庚子 時)부터 시작한다.
- 무계지일(戊癸 之 日) : 일주(日柱)의 천간이 무(戊)와 계(癸)인 경우 임자 시(壬子 時)부터 시작한다.

  1954년 3월 1일~1962년 8월 1일까지는 제외한다. 썸머타임 실시년 기간 중은 1시간을 더 뺀다.

3. 절기(節氣)

월 변경의 기준이 되는 12절기만 소개한다. 음력으로 다음과 같은 절기가 있다.

1월 : 입춘(立春)	2월 : 경칩(驚蟄)	3월 : 청명(清明)
4월 : 입하(立夏)	5월 : 망종(芒種)	6월 : 소서(小暑)
7월 : 입추(立秋)	8월 : 백로(白露)	9월 : 한로(寒露)
10월 : 입동(立冬)	11월 : 대설(大雪)	12월 : 소한(小寒)

위의 12개의 절기일에 절입(節入)하는 시간을 기준으로 달을 정한다.

4. 10년 대운(大運)과 당년 세운(歲運)

① 연주(年柱)를 중심으로 양남(陽男), 양녀(陽女), 음남(陰男), 음녀(陰女)를 찾는다.

② 월주(月柱)를 기준으로 60간지를 양남, 음녀는 순행(順行)하고, 음남, 양녀는 역행(逆行)한다.

③ 대운수(大運數)는 만세력을 참고한다.

5. 천간(天干) 지지(地支)

① 10천간

陽 : 甲 丙 戊 庚 壬

陰 : 乙 丁 己 辛 癸

② 12지지

陽 : 子 寅 辰 午 申 戌

陰 : 丑 卯 巳 未 酉 亥

③ 천간(天干) 합(合) : 양(陽)이 음(陰)을 극(克)하면서 합(合)을 이룬다. 음양의 이상적(理想的) 결합으로 음양지합(陰陽之合), 부부지합(夫婦之合)이라고도 한다. 그러다 보니 자신의 정체성을 해친다.

- 갑기(甲己) 합(合) 토(土) : 중정지합(中正之合)
- 을경(乙庚) 합(合) 금(金) : 인의지합(仁義之合)

- 병신(丙辛) 합(合) 수(水) : 위제지합(威制之合)
- 정임(丁壬) 합(合) 목(木) : 음닐지합(淫暱之合)
- 무계(戊癸) 합(合) 화(火) : 무정지합(無情之合)

④ 천간(天干) 충(沖) : 같은 음양으로 방위(方位)나 운동성이 반대되는 천간끼리의 충돌. 7번째 천간끼리의 충돌이라 칠살(七殺)이라고도 한다. 자신의 의지(意志)나 역량(力量)을 강화시킨다.

- 갑경(甲庚) 충(沖)
- 을신(乙辛) 충(沖)
- 병임(丙壬) 충(沖)
- 정계(丁癸) 충(沖)
- 무기(戊己) 충(沖)

⑤ 삼기(三奇) : 특정 천간끼리 만날 때 길(吉)한 작용을 한다.

- 천상삼기(天上三奇) : 갑무경(甲戊庚)
- 지하삼기(地下三奇) : 을병정(乙丙丁)
- 인중삼기(人中三奇) : 신임계(辛壬癸)

⑥ 공망(空亡) : 10천간과 12지지가 각각 순서(順序)대로 짝을 지어 60간지를 만드는 과정에서 10천간(天干)과 짝을 이룬 10지지 외에 남은 2지지(地支)를 말한다. 주로 순공망(旬空亡)을 쓴다.

- 갑자 순(甲子 順) : 술해(戌亥) 공망
- 갑술 순(甲戌 順) : 신유(辛酉) 공망
- 갑신 순(甲申 順) : 오미(午未) 공망
- 갑오 순(甲午 順) : 진사(辰巳) 공망
- 갑진 순(甲辰 順) : 인묘(寅卯) 공망

• 갑인 순(甲寅 順) : 자축(子丑) 공망

⑦ 12운성(運星) : 하늘의 뜻(10천간)이 지상(地上)에서 실현되는 크기의 정도와 단계. 각각의 천간(天干)이 땅에서 펼쳐지는 생로병사(生老病死)등의 흐름을 나타낸 것.

• 포(胞), 태(胎), 양(養), 생(生), 욕(浴), 대(帶), 록(祿), 왕(旺), 쇠(衰), 병(病), 사(死), 묘(墓), 절(絶)

• 갑포 기 신(甲胞 起 申)

• 병무 포 해(丙戊 胞 起 亥)

• 경포 기 인(庚胞 起 寅)

• 임포 기 사(壬胞 起 巳)

→ 순행(順行)

• 을포 기 유(乙胞 起 酉)

• 정기포 자(丁己胞 起 子)

• 신포 기 묘(辛胞 起 卯)

• 계포 기 오(癸胞 起 午)

→ 역행(逆行)

⑧ 기타신살(神殺) : 천을귀인(天乙貴人), 문창귀인(文昌貴人), 양인(羊刃), 비인(飛刃), 괴강(魁罡), 백호(白虎) 등

⑨ 지지(地支) 합(合)

• 삼합(三合) : 하늘의 목, 화, 토, 금, 수의 기운이 땅에 펼쳐질 때 각각 기운이 **생(生)**하고 **왕(旺)**한 후 그 기운의 씨앗을 보관하는 **고(庫)**에 위치하는 지지의 합을 일컫는다.

- 인, 오, 술(寅, 午, 戌) : 화국(火局)

- 사, 유, 축(巳, 酉, 丑) : 금국(金局)
- 신, 자, 진(申, 子, 辰) : 수국(水局)
- 해, 묘, 미(亥, 卯, 未) : 목국(木局)

• 육합(六合) : 지구 자전축(自轉軸)을 중심으로 하여 북극(北極) 자(子)에서 양(陽)의 기운이 시작되어 남극(南極) 사(巳)에 이르러 극(極)을 이루고 다시 북극 오(午)에서 음(陰)이 시작하여 남극 해(亥)에 이르러 음(陰)의 기운이 극을 이루는 상태(狀態)에서 각 음과 양의 합(合)을 말한다.
- 자축 합(子丑 合) 화(化) : 토(土)
- 인해 합(寅亥 合) 화(化) : 목(木)
- 묘술 합(卯戌 合) 화(化) : 화(火)
- 진유 합(辰酉 合) 화(化) : 금(金)
- 사신 합(巳申 合) 화(化) : 수(水)
- 오미 합(午未 合) 화(化) : 무화(無化)

• 방합(方合) : 계절의 합이다.
- 해, 자, 축(亥, 子, 丑) : 수국(水局) 동(冬)
- 인, 묘, 진(寅, 卯, 辰) : 목국(木局) 춘(春)
- 사, 오, 미(巳, 午, 未) : 화국(火局) 하(夏)
- 신, 유, 술(申, 酉, 戌) : 금국(金局) 추(秋)
- 진, 술, 축, 미(辰, 戌, 丑, 未) : 토국(土局) 환절기

• 암합(暗合) : 천간(天干)과 지장간(地藏干)의 합과 지장간 간의 합으로 나뉜다.
- 정해(丁亥), 무자(戊子), 신사(辛巳), 임오(壬午)

- 자술(子戌), 축인(丑寅), 묘신(卯申), 오해(午亥), 인미(寅未)

⑩ 지지(地支) 충(沖)

- 충(沖) : 반대 방향의 두 운동성의 두 기운의 대립(對立)과 충돌(衝突).
  - 자오 충(子午 沖), 묘유 충(卯酉 沖)
  - 인신 충(寅申 沖), 사해 충(巳亥 沖)
  - 진술 충(辰戌 沖), 축미 충(丑未 沖)
- 형(刑) : 지나침으로 발생하는 작용(作用)이다. 방합(方合)이 그 기운을 생(生)해 주는 삼합국(三合局)을 만날 때이다. 외부적 압력이다.
  - 인, 사, 신(寅, 巳, 申) : 삼형(三刑)
  - 축, 술, 미(丑, 戌, 未) : 삼형(三刑)
  - 자, 묘(子, 卯) : 상형(相刑)
  - 진, 오, 유, 해(辰, 午, 酉, 亥) : 자형(自刑)
- 파(破) : 양파(陽坡)는 순(順)으로 10번째 지지와 음파(陰破)는 역(逆)으로 10번째 지지와의 관계. 가득 차서 스스로 흉해진다는 의미. 내부적 압력이다.
  - 자유 파(子酉 破), 축진 파(丑辰 破)
  - 묘오 파(卯午 破), 인해 파(寅亥 破)
  - 사신 파(巳申 破), 술미 파(戌未 破)
- 해(害) : 육합(六合)자를 충해서 방해하는 인자. 고독의 인자(因子).
  - 인사 해(寅巳 害), 해신 해(亥申 害)
  - 묘진 해(卯辰 害), 술유 해(戌酉 害)
  - 자미 해(子未 害), 축오 해(丑午 害)
- 원진(怨嗔) : 양지(陽支)는 충(沖) 다음 글자, 음지(陰支)는 충(沖) 이

전 글자. 원천적으로 맞지 않아 불편하지만 어쩔 수 없이 감수해야 하는 상황.

- 자미(子未), 인유(寅酉), 묘신(卯申), 축오(丑午), 진해(辰亥), 사술(巳戌)

⑪ 12신살(神殺) : 12운성과 궤도가 같다. 삼합 작용의 움직이는 형태(形態)의 변화(變化)나 상태를 말한다.

- 겁살(劫殺), 재살(災殺), 천살(天殺)
- 지살(地殺), 연살(年殺) 월살(月殺)
- 망신살(亡身殺), 장성살(將星殺), 반안살(攀安殺)
- 역마살(驛馬殺), 육해살(六害殺), 화개살(華蓋殺)

⑫ 삼재(三災) : 삼합을 이루는 각각의 지지가 12운성의 병지(病地)에서 시작하여 사지(死地)를 거쳐 묘지(墓地)에 이르는 3년의 기간을 말한다. 12신살의 역마살, 육해살, 화개살을 말한다.

- 인(寅), 오(午), 술(戌)띠 - 신(申), 유(酉), 술(戌)년
- 신(申), 자(子), 진(辰)띠 - 인(寅), 묘(卯), 진(辰)년
- 해(亥), 묘(卯), 미(未)띠 - 사(巳), 오(午), 미(未)년
- 사(巳), 유(酉), 축(丑)띠 - 해(亥), 자(子), 축(丑)년

⑬ 선전 등등

6. 지장간(地藏干)

하늘의 기운(天干)이 땅에(地支) 영향을 미치는 시간적 개념으로, 전달의 기운이 넘어와 남아 있는 천간의 기운인 여기(餘氣), 지지의 중간에 작

용하는 천간의 기운인 중기(中氣), 지지 본래의 천간 기운인 본기(本氣)로 나타낸다.

子 : 임, 계, 계(壬, 癸, 癸)

丑 : 계, 신, 기(癸, 辛, 己)

寅 : 무, 병, 갑(戊, 丙, 甲)

卯 : 갑, 을, 을(甲, 乙, 乙)

辰 : 을, 계, 무(乙, 癸, 戊)

巳 : 무, 경, 병(戊, 庚, 丙)

午 : 병, 기, 정(丙, 己, 丁)

未 : 정, 을, 기(丁, 乙, 己)

申 : 무, 기, 임, 경(戊, 己, 壬, 庚)

酉 : 경, 신, 신(庚, 辛, 辛)

戌 : 신, 정, 무(辛, 丁, 戊)

亥 : 무, 갑, 임(戊, 甲, 壬)

7. 십성(十星), 육친(六親)

① 사주팔자(四柱八字)의 명식(命式)에서 일주(日柱)의 천간(天干)을 중심으로 나머지 일곱 개의 글자와의 관계를 살펴서 그 사람의 특징적 운명을 파악하는 방법이다.

- 비화자(比和者): 나와 같은 오행의 기운으로 음양이 같은 비견(比肩)과 음양이 다른 겁재(劫財). 왕(旺).

• 아생자(我生者): 내가 생(生)하여 주는 오행의 기운으로 음양이 같은 식신(食神)과 음양이 다른 상관(傷官). 휴(休).
• 아극자(我克者): 내가 극(克)하는 오행의 기운으로 음양이 같은 편재(偏財)와 음양이 다른 정재(正財). 수(囚).
• 극아자(克我者): 나를 극(克)하는 오행의 기운으로 음양이 같은 편관(偏官)과 음양이 다른 정관(正官). 사(死).
• 생아자(生我者): 나를 생(生)하는 오행의 기운으로 음양이 같은 편인(偏印)과 음양이 다른 정인(正印). 상(相).

② 상호작용(相互作用)

• 비겁(比劫)은 재성(財星)을 극(克)하고, 食傷을 생(生)한다.
• 식상(食傷)은 관성(官星)을 극(克)하고, 재성(財星)을 생(生)한다.
• 재성(財星)은 인성(印星)을 극(克)하고, 관성(官星)을 생(生)한다.
• 관성(官星)은 비겁(比劫)을 극(克)하고, 인성(印星)을 생(生)한다.
• 인성(印星)은 식상(食傷)을 극(克)하고, 비겁(比劫)을 생(生)한다.

8. 격국(格局)론

사주에서 월지(月支)를 중심으로 하여 그 기세(氣勢)가 가장 강한 오행(五行)을 따라 그 이름을 지은 것으로 사주를 분류하는 유형이자 명칭이다. 아무래도 격을 세웠거나 국을 이룬 경우 전체 상황에 따라 다르지만 운(運)을 이끄는 힘이 좋다고 할 수 있다.

① 내격(內格) : 식신격, 상관격, 정재격, 편재격, 편관격, 정관격, 편인

격, 정인격.

② 외격(外格) : 종격(從格), 화격(化格), 잡격(雜格).

• 종격(從格) : 종강격(從强格), 종아격(從兒格), 종왕격(從旺格), 종재격(從財格), 종관격(從官格)

• 화격(和格) : 천간합화격(天干合化格)

• 잡격(雜格) : 일행득기격(一行得氣格), 건록격(建祿格), 양인격(羊刃格), 사고격(四庫格), 사생격(四生格) 등

③ 10정격(正格) : 내격에 양인격(羊刃格)과 건록격(建祿格)을 더한 분류.

④ 용신론(用神論)에 따른 분류 : 내 사주에서 가장 쓸 만한 무기(武器)의 글자를 찾아내서 그 무기를 이용함에 운의 흐름에 따라 그 무기가 어떠한지를 밝히는 데 유용(有用)하다.

겁중 용 식상격(劫中用食傷格), 식상중 용 인격(食傷中用印格), 재중 용 겁격(財中用劫格), 인중 용 재격(印中用財格) 등이 있다.

제10장

결어

궁극의 미래-포괄적 의미로-는 정해져 있다. 자, 그렇다면 산다는 행위가 무슨 의미가 있을까? 그러나 다 정해져 있고, 다 알고 있다고 해도 그 미래가 실제로 오기 위해서는 우리가 그것을, 삶을 행해야 한다는 것이다. 왜냐하면 미래는 실제로는 볼 수 없다. 보면 돌아올 수 없기 때문이다. 그렇기 때문에 이 책을 여기까지 써 내려온 것이다.

> 인간의 삶의 과정인 생활세계를 철학적 관점에서 분류해 본다면, 우선 **필연(必然)의 세계**와, **우연(偶然)의 세계 및 개연(蓋然)의 세계**의 총합으로 이해될 수 있다.
> 먼저 **필연의 세계**는, **과학이 추구하는 영역이며 상도(常道)의 세계이며 언제나 예측 가능하다**. 때문에 우리의 생활세계에 안정적인 요소는 필연적인 것들과 상도적인 것들에 의해 얻어진다.
> 두 번째 **우연 및 개연의 세계**는 **비과학적**이며 이론으로 검증이 되지 않고 **불규칙**하며 특별한 규범이 서 있지 않은 관계로

> 인해 존재하는 **미지와 불안의 세계**이다.
> 그리하여 우리의 일상을 공격하고 필연의 세계에 혼란을 가져온다. 그러므로 **우연적 사태는 일상에 대한 습격(irruption)이다. 어떤 사태가 확률적으로 발생하는 세계**이며 그에 대한 예측 또한 개연적인 추정에 의해 가능하다. 이 중 우연적 사태의 습격이 바로 『주역(周易)』이 제시하는 **"우환(憂患)"**이다.[10]

이와 같이 우리는 이 우환과 같이 이해되지 않고 어찌할 수 없는 상황과의 마주침이나 도저히 받아들이기 어려운 결과의 도출 등과, 이와 같은 상황을 극복하기 위해 여러 가지 방편의 끝없는 의사결정의 순간과 마주하게 된다. 그런 과정 중에 의심스럽거나 불확실한 상황, 우연의 습격 상황, 창발(創發) 등 필연의 세계로 대표되는 일상생활 세계의 안정성이 심각한 위기로 내몰리는 예측 불가능한 **우연적 사태(偶然的事態)**에 직면하게 된다. 사람들은 그 해결의 실마리를 이성적이고 합리적인 **'필연의 세계'** 안에서 도무지 찾지 못하고 이것이냐(either), 저것이냐(or)의 의사결정이 필요한, 양자(量子)적 중첩상태(重疊狀態)인 '행위선택'의 문제에 이르게 된다.

이때 동서양 구분 없이 인간은, 비국소적, 비이성적, 비논리적, 비합리적 행위방식을 택한다. 인류가 최초로 미래라는 개념을 인식하고 난 이후부터 시작된, 개인, 부족, 국가는 오늘에서 내일로 이어지는 보다 나은 행복하고 안녕한 삶과 내일을 위해 다양한 의식을 행하여 왔다. 그 의식은

---

10) 박영우, 「점(占) : 우연 사태 속의 철학적 의제」, 『범한철학회』 제79집, 2015년.

유한한 인간이 무한해 보이는 자연이나 여러 종류의 신(神)에게 인신 공양이나, 공물 공양 등을 통해 기원하거나, 인간을 지배하는 또 다른 환경인 우주자연에 의지하거나-유일신, 토템, 애니미즘- 무녀(巫女)나 영매(靈媒)를 통해 신탁(神託)의 답을 구하였다. 특히 중국 지역에서는 동물의 뼈나 거북의 등껍질(龜甲)을 이용하여 행위 선택의 기로에 선 인간에게 일종의 '정당성'을 부여하기 위해 **비합리적이라는 것을 알면서도 스스로에게 충분한 의미를 제공하는 점(占)**을 이용했다.

우연 현상의 공격을 해결할 모종의 이성적이고 합리적인 방도를 일상영역에서 찾지 못하게 되면, 결국 난국의 타개를 위해 인과론에 기초한 서양과학이 자칭 공리(公利)적인 진리라고 하면서 서양과학에 경도(傾倒)된 사람들이 말하는, 소위 '비이성적'이고 '비논리적'이며 '불합리'하다고 하는 행위 방식에 의존하게 된다. 그렇기 때문에 주자(朱子)는『주역』에서 "점을 치는 행위에서 올바른 일이면 서로 두 갈래로 나누어져 있어서 결단을 내리기 어려운 일에만 점(占)을 쳐야 한다"라고 했다. 앞에서 살펴본 상관적 사유에서의 중첩과 얽힘과 확률적임과 비국소적인 양자역학적, 동시성을 포함한 양의(兩儀)를 함의한 소위 과학적인 것이라고 밝혀진 주역점을 들여다볼 수 있는 것이다.

이와 같이 점은 우연의 습격 상황에 바로 맞서지 않고 한 발 비켜서 안전한 삶을 도모하는 행위이고 일종의 '생존을 향한 몸부림'인 것이다. 이러한 행위는 칼 융의 지적대로 미신으로 간단히 치부될 것이 아니라 삶에 대한 긍정과 지혜로 해석되어야 마땅한 것이다.

송(宋)나라 때 유학자 정이(程頤)가 서술한『역전서(易傳序)』에 따르면

“역(易)에는 네 가지 도가 있으니, 이로써 말을 하는 자는 그 말(괘사(卦辭), 효사(爻辭))을 숭상하고, 이로써 움직임으로 하는 자는 그 변화를 숭상하고, 이로써 기구를 만드는 자는 그 상(象)을 숭상하고, 점(占)치는 자는 그 점을 숭상(崇尙)하나니, 길흉소장(吉凶消長)의 이치와 진퇴존망(進退存亡)의 도(道)가 그 말(卦辭, 爻辭)에 갖추어져 있으니 사(辭)를 미루어 괘(卦)를 살펴보면 그로써 변화를 알 수 있는 것이니 상(象)과 점(占)이 그 가운데 있는 것이다”라고 했다.

수학과 과학 등 제반 학문의 발달에도 불구하고 이것이냐, 저것이냐의 의사결정은 여전히 사물을 외부에서 파악해 그것을 분석하고 언어로 포착해 내기도 하지만, 그것은 최종결정의 전 단계로 여러 가지 고려할 사항 중 하나일 뿐 최종적으로는 의사결정권자가 그 내부로 들어가 그것에 유일하고, 따라서 ‘언어로’ 표현될 수 없는 것과 합치하여 공감하는 **직관(直觀)과 통찰(洞察)의 양자적 영역에 의한 의사결정을 하게 되는 것이다**.

내가 상담하는 과정은 다음과 같다. 한 개인이 예측 가능하지 않은 우연적 사태의 습격 상황에 처했을 때 내원하면 상담 시점에 방문자의 **생년, 월, 일, 시**로써 음(陰)과 양(陽), 0과 1의, 이진법의 무한한 변화로 생성되는『주역(周易)』육효(六爻)로 작괘(作卦)한다. 이때 비로소 드러난 64괘 384효가 제시하는, 이른바 소강절(邵康節)이 말하는 11,520가지 만물의 가능세계에 대한 경험과 그 경험을 바탕으로 다른 사물의 이치를 유추해 내는 촉류(觸類), 즉 논리적 비교(analogy)와 실상에 맞게 해석하는 방통(旁通)을 더하게 된다. 그리하게 되면 거의 무한대에 이르는 가능세계를 파악하고, 변화무쌍한 그 괘상(卦象)을 살펴 최적의 의사결정(optimal solution)을 할 수 있게 도와주는 것이다. 이와 같이 양자역학적 사고의 귀결과 계속된 실험, 그리고 칼 융의 동시성의 이론에서 얻어진 결론이, 내가 행하는『주역(周易)』육효점(六爻占)의 철학적 본질의 동질성이다.

마무리하면서

이 책을 쓰기까지 나의 철학적 사고가 만들어지는 과정과 그 안에서 도움이 된 책들 중 일부를 독자 여러분에게 소개해 보려고 한다. 철학과 종교 등과 관련하여 매우 긴 시간 동안 갈등하여 성인이 되고 한참 뒤에 결정한 사항이지만 사실 중학교 때 우리 집에서 잠시 같이 지내던 동성동본의 김영규라는 분이 남기고 간 열네다섯 권의 키르케고어, 샤르트르, 하이데거, 야스퍼스, 러셀 등 현대 실존철학자들의 책을 읽기 시작했던 그 시절이 나를 찾는 시작점이었던 것 같다. 중학생이 이해하기엔 어려운 그 책을 하루에 한 줄도 읽어 내려가지 못하면서도 끝까지 보려고 애를 쓰며 지냈던 그 시절부터 말이다.

이후 내 존재를 자각하고 그에 따라 수직적 개념보다 수평적 개념의 사유체계와 사유방식과 가치관이 만들어지기 시작한 듯하다. 기계공업고등학교 재학 시절 화학 관련 이론과 실험 실습과정과, 화공과(化工科) 과장님이셨던 정택상 선생님께서 가르쳐 주신 '화학물리'라는 과목이 큰 발판이 되어 지금 하고 있는 주역을 화학과 물리의 과학적 원리로 밝혀 보려 하고 있는 것 같다. 그리고 대학 새내기 시절 교수께서 읽어 보라 권하신 버트란트 러셀의 『서양철학사』와 헤겔과 그의 『역사철학강의』도 많은 영향을 미쳤다. 거기서 한 걸음 더 나아간 포이어바흐(Ludwig feuerbach)

와 스피노자(Baruch Spinoza)의 철학적 사고는 내가 평소에 생각하던 바와 너무도 비슷한지라 충격적으로 뇌리에 깊이 각인되었다.

그 이후 동양으로 돌아와서 퇴계(退溪) 이황(李滉)과 고봉(高峯) 기대승(奇大升)의 **이기론쟁(理氣論爭)**을 다룬 윤사순 교수의 『퇴계철학(退溪哲學)의 연구(硏究)』와 혜강 최한기의 『19세기 한 조선인의 우주론 기학』(손병욱 역주, 통나무 출판사)이라는 책은 깊은 성리학으로의 새롭고 즐거운 여행이었다. 더해서 『사단칠정론』(민족과사상연구회 편, 서광사), 『조선상고사』(일신서적), 『사지통속고』(우리역사연구재단), 『이덕일의 한국통사』(다산초당), 『삼일신고』(지혜의 나무), 『참전계경』 등등 우리나라 상고사(上古史) 관련 책들을 찾아 접했다. 그리고 조금은 특이하리만큼 수평적 균형, 평등과 같은 개념들이 잘 발달한 나의 사주적(四柱的) 특성으로, -참고로 갑(甲) 일간에 진(辰), 술(戌), 축(丑), 미(未)가 모두 있다- 이는 각각 사계절이 변하는 과정에 있음이고 또한 진, 술, 축, 미 네 가지의 토(土) 기운 안에 목(木), 화(火), 금(金), 수(水)의 기운이 보관됨으로써 4계절과 오행이 모두 갖추어져 있어 한쪽에 치우치는 것을 꺼리는 것이다.

이런 과정에서 지금의 일원론적 사고방식과 모든 생각과 현상들의 이치를 절대자인 조물주에게 귀속시켜야 하는 인과론적(因果論的) 사유방식보다 상관적 사유가 잘 성장하는 토양이 만들어지지 않았나 싶다. 물론 불가의 책들과 도가 계열 책들은 이후의 일이다.

끝으로 대학 졸업 후 사업에 매진할 당시 나에게 이 공부할 것을 권유하시고 그 후 10여 년이나 지났음에도 나를 받아 주시어 오묘한 배움의 길로 이끌어 주셨으며, 『사주작괘육효비전(四柱作卦六爻祕傳)』을 만드신고(故) 송술용 님 영전(靈前)에 이 글을 올린다. 또한 내 삶의 노정에서 정신적으로, 물질적으로 가장 어려웠던 시기에 도와주었으며 나를 가르치고 지도 편달해 준 동우(東佑) 송해윤 사부(師父), 그리고 제수씨께 마음으로부터 깊은 감사를 드린다.

또한, 이 책 전체의 문맥을 살피고 교정하여 다듬고, 필요한 자료를 수집하느라 많은 애를 써 준 김현아 선생과 좋은땅 출판사 담당자님, 첫 초안(草案)을 살피고 교정과 조언을 해 준 이담(珥潭) 최미자 선생과 국민대 신소재공학과 4학년 정하람 양의 노고에 감사한 마음을 전한다.

그리고 연구 활동과 제자들 강의로 바쁜 와중에 이 글을 살펴보고 조언해 준 가천대학교 전기공학부 장경욱 교수(教授)에게 심심한 감사를 표한다.

계묘년(癸卯年) 입하지절(立夏之節) 우보재(牛步齋)에서

양자역학과 동양철학 그리고 나

초판 1쇄 발행 2023년 7월 13일

지은이 김환규
펴낸이 이기봉
편집 좋은땅 편집팀
펴낸곳 도서출판 좋은땅
주소 서울특별시 마포구 양화로12길 26 지월드빌딩 (서교동 395-7)
전화 02)374-8616~7
팩스 02)374-8614
이메일 gworldbook@naver.com
홈페이지 www.g-world.co.kr

ISBN 979-11-388-2011-0 (03100)